絶対にミスをしない人の仕事のスゴ技BEST100

The Eye-openning Working Techniques
to Never Make Mistakes

ビジネスコンサルタント

鈴木真理子

Mariko Suzuki

はじめに Introduction

　仕事をしていると、ついうっかりしてミスをしてしまうことがあります。

　ミスをすると、謝ったり、やり直したりして仕事がはかどりません。本当はサクッと仕事を終わらせて帰りたいのに、残業するはめになり、ほとほと疲れてしまいますね。

　ビジネス界は「ミスがなくて当たり前」とみなされる厳しい社会です。そのため、ほんの些細なケアレスミスであっても、くり返すうちに「仕事ができない人」という残念な評価をされてしまいます。

　よからぬ影響は仕事ばかりでなく、心にも及びます。

「なんでやっちゃたんだろう……」と後悔の念にかられて落ち込み、気持ちが後ろ向きになりやすいものです。

　この本は、「**なぜかミスをしてしまう人が、ミスをしない人へ生まれ変われるように**」という想いで作りました。

　組織では、ダブルチェックやトリプルチェックなど、確認する人を増やしてミスを未然に防いでいます。

　たしかに他人にミスを見つけてもらう方法もありますが、他人に指摘されてばかりいては、安心して仕事を任せてもらえません。

　これからは、「ミスしない人」を目指しましょう。

　ミスをなくすと、たくさんのごほうびがあります。

まず、ムダな仕事が減るので、**残業せずに早く帰れます**。「○○さんはミスしない」と信頼され、**上司や同僚、お客様との関係がよくなります**。そして、やりがいのある仕事、**やりたかった仕事を任せてもらえます**。

　すると仕事が面白くなり、自信がつき、「もっとがんばろう」**とモチベーションも高くなります**。

　終業後や休日にはプライベートな時間も充実して、数えきれないくらい幸せが訪れることでしょう。

　さて、著者の自己紹介をさせてください。私はビジネスパーソンに向けて「事務ミス防止」の研修をしたり、本を書いたりしています。

　今でこそこうしたことを仕事にしている私ですが、それは、**これまでに数えきれないほどのミスや失敗をしてきたから**できることでもあります。

　新卒で入社したのは保険会社で、9年3カ月間、事務の仕事に従事しました。入社当時はミスを頻発したので、「ミス大臣」とからかわれたり、「ミスといえば鈴木さん」と、うれしくない呼び方をされました。

　やがて20代後半になってもミスは減らず、ある上司から「君は仕事ができない」とレッテルを貼られて左遷させられたことがあります。

　やりがいのある仕事を続けたかったのに、それが叶わなかったのです。異動の内示を聞いたとき、悔しくて涙が止まらなかったことを、つい昨日の出来事のように覚えています。

その日から「いつか絶対に見返す」という強い想いを抱いて仕事を続けました（笑）。

ミスをして喜ぶ人はいませんが、**ミスを起点にすれば誰でも成長することができます。**

本書ではミスに悩むあなたのお役に立てるよう、仕事の進め方の根幹をなす「段取り」と「スケジュール管理」「コミュニケーション」などについて具体的なやり方をお伝えします。

よくあるミスを防ぐ実践的なテクニックを取り入れながら、生活習慣や心の持ちようまで幅広く網羅しました。

図解もたくさん入れましたので、気楽に楽しみながら読んでほしいと思います。

また、各項目には「**実践したい**」「**実践した**」のチェックボックスを付けました。ぜひ本書を活用して、日々の仕事ぶりを見直し、改善してもらえたらうれしいです。

あなたのミスが1つでも2つでも減りますように。応援しています。

鈴木真理子

あなたはこんな経験ありませんか?

ミスチェックシート

次の項目のうち、一度でもミスをした経験があれば ☑ (チェック)を入れ
てください。

📄 段取りのミス

- ☐ その日にやるべき仕事に手をつけるのを忘れた
- ☐ やりたい仕事を優先し、重要な仕事の時間がなくなった
- ☐ ExcelファイルをPDFに変換せずに送ってしまった
- ☐ 急な仕事を頼まれ、予定が狂ってしまった
- ☐ すべての仕事を100点に仕上げるので時間がかかる

▶▶▶　**1つでも ☑ がついたら Chapter 1** 25ページ へ

🕐 スケジュール管理のミス

- ☐ アポイントがあるのを忘れ、予定をすっぽかした
- ☐ 日程を調整中、「日付と曜日が合っていない」と指摘された
- ☐ 会議や研修、約束に遅刻してしまった
- ☐ 残業が続いて集中力が続かなくなった
- ☐ 納期のギリギリに提出したら、やり直しを命じられた

▶▶▶　**1つでも ☑ がついたら Chapter 2** 59ページ へ

💬 コミュニケーションのミス

- ☐ 仕事の指示を受けたが、何をすればいいかわからなかった
- ☐ 依頼の細かい内容を忘れてしまった
- ☐ 仕事を依頼したら「いつまでにやればいいですか?」と質問された
- ☐ 修正をお願いしたいのに、思った通りに直してもらえなかった
- ☐ 初対面でない相手の名前を忘れてしまった

▶▶▶　**1つでも ☑ がついたら Chapter 3** 93ページ へ

✉ 書類・メールのミス

- ☐ 文字や数字を間違えたまま書類を提出してしまった
- ☐ Excelの計算式が正しくないのに気づかなかった
- ☐ ファイルを添付せずにメールを送信してしまった
- ☐ 間違ったファイルを添付してメールを送信してしまった
- ☐ 重要なメールを見落としてしまった

▶▶▶ 1つでも ☑ がついたら Chapter 4 125ページ へ

⛓ しくみ作りのミス

- ☐ 書いたはずのメモが見当たらなくなった
- ☐ 残しておくべき書類なのに上書き保存してしまった
- ☐ 時間をかけて作った書類がなぜか保存されていなかった
- ☐ 外出先でスマートフォンが使えなくなり困った
- ☐ お客様や取引先のもとへ出向いた際、忘れ物をしてしまった

▶▶▶ 1つでも ☑ がついたら Chapter 5 157ページ へ

🏠 生活習慣のミス

- ☐ 寝坊して遅刻してしまった
- ☐ 電車の中でうたた寝して乗り過ごしてしまった
- ☐ 会社や訪問先に傘を置き忘れてしまった
- ☐ アイロンがけが面倒くさくて、シワくちゃな服で出かけた
- ☐ 忘れ物に気づかないまま家を出てしまった

▶▶▶ 1つでも ☑ がついたら Chapter 6 191ページ へ

🔄 リカバリーのミス

- ☐ 自分のミスを隠したり誤魔化したりした
- ☐ お客様からのクレームへの対応が悪くよけいに怒らせた
- ☐ なぜかケアレスミスをくり返してしまう
- ☐ ミスをして気分が落ち込み、何日も嫌な気分を引きずった
- ☐ 仕事に自信が持てなくなったことがある

▶▶▶ 1つでも ☑ がついたら Chapter 7 213ページ へ

CONTENTS

Chapter 2

ヌケ・モレ・遅れをなくす スケジュール管理

Chapter 3

仕事をなめらかに進める コミュニケーション

Chapter 6

パフォーマンスを高める **生活習慣**

Chapter 7

信頼を引き寄せる **ミスのリカバリー**

Prologue

「ミスしない人」に なるために

「ミスしない人」になるには
どうすればいいのでしょうか？
それは「ミスとは何か」を知ることです。
Prologueでは、仕事場でやってしまいがちな
3つのミスについて分析します。

ミスという"敵"を知ろう

ミスを知り、自分について知れば戦術を立てやすくなる

　どんな優秀なビジネスパーソンであっても、仕事で必ずミスをします。なぜか？　人間は完璧ではないからです。

　ビジネスパーソンに共通する悩みといえば、うっかりミスをしてしまうことでしょう。「仕事のミスなんかしたくない！」と誰もが思っています。

　「敵を知り己を知れば百戦あやうからず」――。

　これは、兵法の書である『孫子』に出てくる有名な言葉。敵を知り、自分のことも知れば、どんな戦いでも勝てるという意味です。

　そこで、まずはミスという"敵"を知ることから始めましょう。なぜ人はミスをするのか、ミスにはどんな種類があるのか。ミスにまつわる周辺知識をおさえてください。

　そのうえで自分を振り返ってみましょう。毎日がんばっているのに、決して手を抜いたわけではないのに、なぜかミスをしてしまう……。モヤモヤしたり後悔したりする気持ちはいったん置いて、冷静に自分の仕事ぶりを見直してください。

　ミスを知り、自分について知る。両者をセットにすれば、戦術を立てやすくなります。「百戦あやうからず」の言葉を励みにして、「倒せない敵はいない！」という気概をもって仕事に臨みましょう。

　まずは16ページから、よくあるミスを3つご紹介します。

ミスをなくすための３ステップ

Step 1 ミスという"敵"を知る

特徴

ミスの特徴を
分析する

状況

ミスの発生する状況を
特定する

原因

ミスの起こる行動や
手順を調べる

Step 2 自分を振り返る

スキル

自分の知識・経験を
整理する

行動

ミスしたときの行動を
確認する

感情

ミスしたときの心の状
態を思い出す

Step 3 戦術を立てて実行する

段取りを見直す

仕事の順番を
変える

環境を整備する

パソコンやデスクを
使いやすくする

コミュニケーションを
強化する

報連相を
的確に行う

よくあるミス① ケアレスミス

些細なミスが会社全体に損害を与えることも

「ケアレス」を日本語にすると「注意散漫」です。頭ではわかっていても、なぜか違う行動や動作をし、仕事で失敗してしまうことを「ケアレスミス」といいます。これは、**自分1人で行う定型業務や単純作業で起こりがち**です。

> ケアレスミスの例
> ・誤字脱字、誤変換をする
> ・数字（日付、金額、数量など）を取り違える
> ・住所や社名、役職、名前などを間違える
> ・メールの添付ファイルを付け忘れる
> ・メールや郵便物、ファックスを別の人へ送ってしまう
> ・パンフレットやチラシで誤植する

ケアレスミスは一見すると些細なミスかもしれませんが、**お客様や取引先に迷惑をかけ、不安にさせたり不快な思いをさせたりしてしまいます。**

ケアレスミスの代償はことのほか大きく、解約や取引停止の事態を招くなど、会社に大きな損害を与えることもあります。

情報漏えいにつながれば、大きな社会問題へと発展する場合もあるでしょう。

たった1人の不注意によるミスで、組織全体が責任を問われることになるなんて……。想像するだけで冷や汗をかきそうですね。

ケアレスミスは、**急いでいるときや、他の仕事と並行して作業をしているときなどに起こりがち**です。

ケアレスミス 10の原因

1
知識やスキルが
不足している

2
手順や工程に
従わない

3
「自分はできる」
と過信する

4
「これで正しい」
と思い込む

5
集中力や緊張感が
低下している

6
品質よりスピードを
重視している

7
指示や約束を
メモしない

8
セルフチェック
をしない

9
あせりや不安の感情を
持っている

10
デスクやパソコンが
整理されていない

よくあるミス ② 段取りミス

作業を始める前に手順や順序を考えれば成果が上がる

　段取りとは、仕事の手順や順序です。首尾よく仕事を進めるためには、「1番目に○○をする、2番目に□□をする」と計画を立てることが大切です。

　手順や順序は、いろいろなシーンで求められます。たとえば、日々の仕事では「今日はどんな順序で進めようかな？」と計画を立ててから取りかかります。

　また、定型業務に取り組むときは、準備してから作業を始めます。マニュアルや前回の資料などにサッと目を通してから着手すると、考えるムダ、思い出すムダ、やり直すムダをなくせます。

「段取り八分」と言われるように、**手順や順序を考えてから仕事をすると、短時間で成果を上げることができます**。計画や準備にかける時間は決してムダではないのです。

　一方、段取りを考えずに目の前にある仕事を片っ端からやると、次のようなミスをしやすくなります。

段取りミスの例

・納期や締め切りに間に合わない
・会議や研修、約束に遅刻する
・クレーム対応を後回しにして、さらに大変なことになる
・割り込み仕事や至急の仕事に振り回される
・メール処理や雑用で1日が終わってしまう
・定時内に仕事が終わらない
・忙しくて有給休暇がとれず、忙しい時期にあわてて休む
　ことになり仕事が回らない

段取りミス 10の原因

1
スケジュール管理を
していない

2
計画を立てず思いつきで
行動する

3
優先順位を
つけていない

重要　緊急

4
着手のタイミングが
遅い

3時間
遅れ

5
スケジュールを
詰め込みすぎる

6
割り込み仕事を
想定していない

7
不測の事態を
想定していない

8
メンバーの予定を
知らない

9
「なんとかなるさ」
と楽観視する

10
ギリギリ・ドタバタが
習慣に

よくあるミス③ コミュニケーションミス

自分の言葉がしっかり相手に伝わるとは限らない

コミュニケーションミスは、複数の人と仕事をするときに起こります。1人でやる仕事はわりと得意だけれど、**人と人とのつなぎ目でうまくバトンを渡せずに失敗すること**をコミュニケーションミスといいます。

コミュニケーションミスの例

・指示を受けた後、期待と違う仕事をしてしまい、
　やり直しを命じられた
・指示や依頼をしたら、イメージと違う仕事をされた
・送ったメールが相手の迷惑メールフォルダーに入ってしまい、
　気づかれなかった
・何気なく書いたメールで、「なんて失礼な！」と
　相手を怒らせてしまった
・職場の報連相が不十分で、お客様の情報を共有して
　いなかった
・引き継ぎや担当替えのとき、伝達事項を忘れた

はじめから最後まで自分だけで完結する仕事は、おそらくありません。たとえ1人で作業をしたとしても、その前後の工程で、職場のメンバーやお客様と関わるでしょう。

そもそも人の言葉の受け取り方は十人十色。**自分は伝えたつもりでいても、相手は理解していないかもしれません。**

人と人とのつなぎ目でミスは起きやすいため、報連相を徹底することが欠かせません。

コミュニケーションミス　10の原因

1
口約束で済ませる

2
報連相をしない

3
文面をよく読まない

4
あいまいな指示をする

5
確認しない

6
自己判断で進める

7
他部署と連携しない

8
言いたいことを言わない

9
仕事の理解力が足りない

10
言葉づかいが適切でない

ミスを未然に防ごう

ふだんから予防を心がければ〈ミスしない人〉になれる

　私たちは体調がすぐれないとき、たとえば風邪をひけば、ゆっくり寝て静養したり、薬を飲んだりして治します。何かあった後に行うのが対症療法です。

　一方、ふだんから風邪をひかないように気をつけるのが予防です。あなたも日頃からうがい、手洗いをしていることでしょう。

　ミスをしないためには、風邪と同じく"予防"が大切です。

　ミスをすると、謝ったりやり直したりしてよけいな時間や労力がかかってしまい、仕事がはかどりません。自分で自分の仕事を増やすなんて、悲しいでしょう？

　ではミスをしないために何が必要でしょうか。

　決して特別なことは必要ありません。段取りを考え、スケジュールを管理し、周りの人と報連相を行い、生活習慣を整える。

　いずれも基本的なことばかりですが、**ミスしない人は、これらを甘く見ないで、きちんと取り組んでいます。**

　本書では、仕事のうっかりミスをなくそう、今日から実践できる方法を紹介していきます。ハウツーをたくさん紹介しますので、どんどん試してください。そして効果があったら、習慣になるまで続け、自分のものにしてください。

　今、あなたは〈ミスしない人〉になるための一歩を踏み出しました。

ミスする人とミスしない人の違い

ミスする人

- 段取りを考えずに仕事を始める
- スケジュール管理をおざなりにする
- コミュニケーションが不十分
- デスクやパソコンのデータを片づけない
- 私生活をズボラに過ごす

長時間労働
低品質な仕事

ミスしない人

- 段取りを考えてから仕事を始める
- スケジュールをしっかり管理する
- コミュニケーションを十分にとる
- デスクやパソコンのデータを整理整頓する
- 私生活を上手に過ごす

短時間労働
高品質な仕事

POINT

ミスしない人を目指しましょう！

Prologue
のおさらい

- [ ] ミスをなくすために、ミスの種類や原因など、
  基本的な知識をおさえましょう。

- [ ] ケアレスミスは些細なものでも、お客様や
  取引先に迷惑をかけるので、なくすべきです。

- [ ] 手順や順序を考えてから仕事をすると、
  短時間で成果を上げられます。

- [ ] 自分は伝えたつもりでいても、
  相手は理解していないことがよくあります。

- [ ] ミスをしないためには、風邪と同じく
  ふだんからの " 予防 " が大切です。

Chapter

1

仕事を爆速化する

段取り

Chapter1では、段取りのミスをなくすための
コツを説明します。
仕事の手順や工程を少し工夫するだけで
驚くほどミスは減り、効率もアップしていきますよ。

朝、今日やる仕事をデスクに出す

書類やファイルを見えるところに置けば忘れない

☐ 実践したい　☐ 実践した

　今日中にやるべき仕事があったのに、うっかり忘れてしまう……そんなミスがあります。

　私は"確信犯"の1人です。というのは若手社員の頃、上司から「今日中にお願い」と頼まれた仕事があったのに、やり遂げずにさっさと退社したことがあります。じつは夜に合コンの予定があり、「狩りに行かねば」と朝から頭がいっぱいになっていたのでした（笑）。あなたは、依頼された仕事をうっかり忘れないでくださいね。

　おすすめするのは、**頼まれた仕事や、その日の仕事を、朝デスクの上に出しておくこと**。ただし、下から上へ積み上げてはいけません。下にある書類は見落としやすいため、**ファイルボックスなどに入れて立てかけましょう**。そうすると作業中も否が応でも視野に入るので忘れません。

　退社する前は、やり残したことがないかどうかを指差し確認。書類やファイルを元の定位置に戻し、片づけてから帰ります。ペーパレスで仕事をする場合は、パソコンのトップ画面がデスク代わりです。**「今日の仕事」というフォルダー**を作り、その日に使う予定のファイルやショートカットをまとめておきましょう。仕事が終われば、パソコンのデスクトップも片づけます。いらなくなったショートカットは削除してください。

　とにかく、**何度も目にする場所に未処理の仕事を出しておくのがポイント**です。そうやって仕事のヌケ・モレをなくしましょう。

見えるところに置くと忘れない

Case 1 デスクの上

Case 2 パソコンのデスクトップ

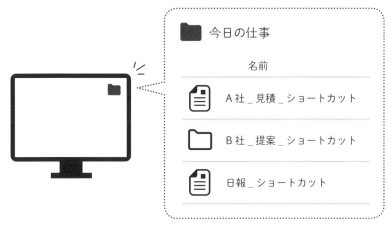

準備に時間を割く
しっかり準備をしておくと集中力が高まり効率がよくなる

☐ 実践したい　☐ 実践した

「次の試合に向けて準備します」。アスリートが試合後のインタビューでよく口にする言葉です。試合が終わった直後なのに、次の試合に向けて準備を始めるというのです。この言葉を耳にするたび、**目標を達成する人は準備に余念がない**のだと感じます。

ビジネスパーソンの場合はいかがでしょうか。時間に追われて忙しいと、少しでも作業を前に進めようという気持ちが先走り、計画を立てるのはほどほどにして、すぐ仕事に着手してしまうことがあります。

そうすると、ある程度仕事を進めてみたところで方向性の違いに気づき、仕切り直しになったりすることが少なくありません。

しっかり準備をすることは、決して時間のムダではありません。むしろ**「こういう手順で仕事を進めていこう！」という展望が明確にあったほうが、作業をするにも集中力が高まり、かえって効率がよくなるもの**です。

準備の大切さは、あらゆる仕事に共通します。一日の仕事を始めるとき、上司に報告・連絡・相談をするとき、客先訪問するとき、人前で話すとき、後輩に仕事を教えるとき、メールを送るときなど。いずれも事前にしっかり準備しておくことが仕事の成否を決めるといっても過言ではありません。

さあ、あなたも準備に時間を割きましょう。**仕事の完成形をイメージし、そこにたどりつくまでの段取りを考えるなど、ほんの5分間でできること**がたくさんあります。

5分の準備で効率アップ

(電話をかける前の準備)

Step 1 話の内容をメモする

> 1. 先日のお礼
> 2. メールを送った
> 3. 日程についての念押し
> 4. 不明点がないか聞く

伝えることを
書き出す

Step 2 必要な情報をすぐに見られるようにする

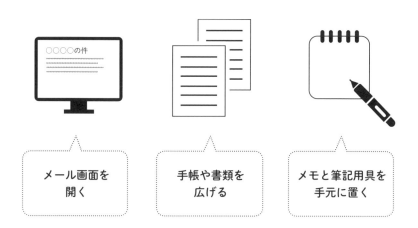

メール画面を
開く

手帳や書類を
広げる

メモと筆記用具を
手元に置く

3 優先順位を正しくつける
やるべき仕事を先送りにすると時間がなくなる

☐ 実践したい ☐ 実践した

　クレーム対応が後手に回り、さらにお客様を怒らせてしまう。上司から大事な仕事を頼まれたのに手をつけず、上司や関係者に迷惑をかけてしまう。

　これら2つの失敗に共通するのは、すぐやるべきなのに後回しにしたこと。つまり優先順位のつけ方に問題があります。

　<u>優先順位は、重要度と緊急度の2軸で決まります</u>。

　右の図をご覧ください。重要度と緊急度の2軸を引くと、4つのゾーンに分かれますね。このマトリクスに、当てはまる仕事を分類しました。

　<u>仕事は重要度と緊急度、いずれも高いものからやること</u>。Aのゾーンにある仕事から手をつけるのが、絶対的なルールです。

　これらを終えてから、残った時間でほかの仕事をしてください。

　優先順位をつけないままでは、やりたい仕事、好きな仕事、ラクな仕事を先にやりがちです。そうなると、本当はやるべき仕事を先送りにして、いざやろうとしても十分な時間がとれなくなってしまいます。

　優先順位の高い仕事には、時間を投入する価値があります。一方、優先順位の低い仕事には、時間を投入しすぎないでください。

　もちろん大事な仕事は人によって違いますが、<u>**とにかく優先順位をつけること**</u>が大切です。

優先順位は重要度と緊急度の2軸で決まる

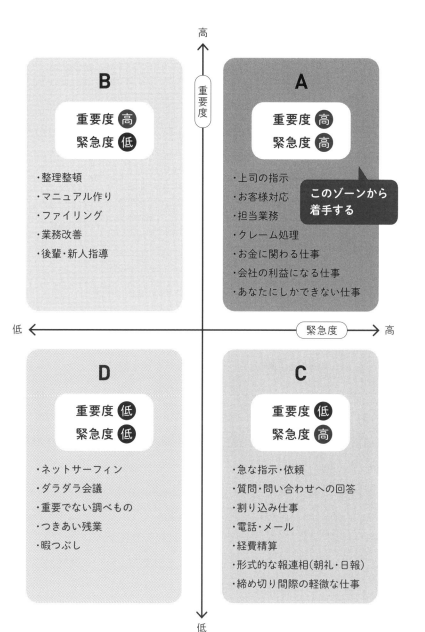

B

重要度 高
緊急度 低

・整理整頓
・マニュアル作り
・ファイリング
・業務改善
・後輩・新人指導

A

重要度 高
緊急度 高

このゾーンから
着手する

・上司の指示
・お客様対応
・担当業務
・クレーム処理
・お金に関わる仕事
・会社の利益になる仕事
・あなたにしかできない仕事

D

重要度 低
緊急度 低

・ネットサーフィン
・ダラダラ会議
・重要でない調べもの
・つきあい残業
・暇つぶし

C

重要度 低
緊急度 高

・急な指示・依頼
・質問・問い合わせへの回答
・割り込み仕事
・電話・メール
・経費精算
・形式的な報連相(朝礼・日報)
・締め切り間際の軽微な仕事

高
重要度
低 ← 緊急度 → 高
低

作業は細分化して工程を書き出す
工程を1つひとつチェックしていけばミスしない

☐ 実践したい　☐ 実践した

　決められた手順に従わず、本来やるべきことをすっ飛ばすとミスしやすくなります。

「この仕事は以前やったことがあるから大丈夫」と過信したり、スピードを優先させたりすると危険です。

　手順をすっ飛ばさないための秘策は2つあります。

　1つめは、作業を細分化すること。

　2つめは、工程を書き出すこと。

　この2つを守ると、丁寧に仕事を進めることができるでしょう。

　たとえば、あとで請求書をメールに添付して送るとします。タスクをメモするとき、「請求書を送る」だけだとあいまいです。

　そこで、手順に沿ってやることを細かく書き出してください。右の図のように工程を可視化すると、6つあることがわかります。

　作業をするときは、1つ終わるたびに☑を付けていきましょう。落ち着いて丁寧に、確認しながら作業を進めることでミスを防げます。

　他方、頭ではわかっていても、**記憶に頼りながらあわてて作業すると、うっかりミスをしやすくなります。**

　たとえば、PDFを送るべきなのにExcelファイルのままにしてしまったり、請求書にパスワードを付け忘れたり、メールに肝心の請求書を添付し忘れたり。どれも「あるある」なミスだからこそ細心の注意が必要です。ほんのひと手間をかけて工程を書き出し、手順を守りましょう。

1つひとつチェックしてミスをなくす

● 工程を細かく書き出す

 アバウトなタスク　　○ 手順に沿って
　　　　　　　　　　　　　　やることを可視化する

・(請求書作成) ·············> 〈請求書作成〉

・A社に連絡　　　　　　1 ☑ Excel で請求書作成
　　　　　　　　　　　　　　▽
・B社見積　　　　　　　2 ☑ PDF で保存
　　　　　　　　　　　　　　▽
・○○○○○　　　　　　3 ☑ パスワードを付ける
　　　　　　　　　　　　　　▽
・○○○○○　　　　　　4 □ メールを書く
　　　　　　　　　　　　　　▽
・○○○○○　　　　　　5 □ メールに請求書を添付
　　　　　　　　　　　　　　▽
・○○○○○　　　　　　6 □ パスワードを知らせる
　　　　　　　　　　　　　　　メールを別送する

POINT

1つ終わるたびに
☑ を付けましょう！

気になっている仕事を先にやる
気の重い仕事を先に片づければ一日が爽快に

☐ 実践したい　☐ 実践した

　人間はできればラクをしたいと思う生き物です。ですから、あなたも優先順位というより、手をつけやすい仕事から始めてしまうことがあるのではないでしょうか。

　じつは私自身がそうでした。朝デスクに座ってもメールが気になってチェックしたり、仕事とは関係ないメルマガが読みたくなって熟読したり、ネット検索を始めたりして午前中が終わってしまう、なんてことも。これではサボっているのも同然です。

　キチンキチンと仕事を片づけるコツは、**いちばん気になっている仕事をまずやってしまうこと**です。それは期限が迫っている仕事かもしれませんし、期限にはまだ余裕があっても、重要な仕事なので「早めにやらなくちゃ」と思っている仕事かもしれません。ほかには、苦手な仕事や面倒な仕事といった、気持ちのうえで、できればやりたくないと思っている仕事も含まれるでしょう。

　たとえば、上司から指示された仕事があるとします。その仕事の提出が遅れると、「時間はたっぷりあったはずなのに間に合わなかった……」ということになりがちです。遅れを取り戻そうとして仕事をすると気持ちはあせり、ミスを多発するなどして品質は期待できません。

　どうせやらなければならないのですから、**気の重い仕事、気分が乗らない仕事こそ朝イチで片づけてしまいましょう。**

　その後に好きな仕事や、手慣れた定型業務などをもってくると、爽快な気分で一日を過ごせるでしょう。

ツラい仕事から片づける

● 元気な午前中が勝負

午前中

☐ 気になっている仕事

☐ 重要な仕事

☐ 苦手な仕事

☐ 面倒な仕事

☐ できればやりたくない仕事

☐ 時間がかかる仕事

元気な午前中に
大変な仕事を
片づける

気力・体力あり！

午後

☐ 好きな仕事

☐ 手慣れた定型業務

☐ 短時間でできること

力不足の午後は
ラクな仕事を
しよう

ゆったりモード

ポジティブになれる仕事を用意する

「やりたくない」仕事も前向きに取り組める

□ 実践したい　□ 実践した

　人には感情があります。ですから、やりたくない仕事を先送りしたり、締め切り間際まで手をつけなかったりするのは当然のこと。でも、それらをやらなくちゃいけないので、どうしたらよいものかと悩むわけです。

　そこで、**気持ちが乗らないときは、ポジティブになれる仕事を用意しましょう。**

　たとえば、飛び込み営業やテレマーケティング、クレーム対応があり、「やりたくないな〜」と感じているとします。これらを一日中続けていると気が滅入るので、「やりたい！」と思える仕事を予定に加えます。さらに、これを手慣れた定型業務とします。**「やりたい」「やりたくない」の両方の仕事があるとバランスがとれる**と思います。

　緊張してドキドキする予定があったら、そこに心がワクワクする仕事を加えるのもいいでしょう。上司と面談する約束があり、ドキドキ緊張していたら、気が合う後輩に仕事を教える時間をとります。後輩と過ごす時間がワクワク楽しみになって、上司との面談を乗り切ろう！　と前向きになれそうです。

　または、新規顧客A社にはじめて営業訪問するのが不安でいっぱいなら、リピートしてくれるB社にフォローの電話をする予定を立てます。このように**ポジティブに取り組める仕事を用意しておき、ネガティブな感情をコントロール**して乗り切りましょう。

モチベーションが高まる予定の立て方

Before 気が重い仕事にやる気が出ない……

After ポジティブになれる仕事をセットする！

厳しいことを言う 上司と面談する	＋	気が合う後輩に 仕事を教える
新規顧客A社に はじめて営業訪問する	＋	リピートしてくれるB社に フォローの電話をする
頭を使う企画書を 作成する	＋	手を動かすだけの 単純作業をする

仕事 がんばるぞ！

お客様ファーストにする
お客様の満足度を高め会社のイメージもアップ

☐ 実践したい　☐ 実践した

　　自分1人でできる仕事と、相手のある仕事をする場合は、**相手のある仕事を優先**しましょう。

　なぜかというと、1人でできる仕事は時間の融通がきくからです。ちょっとした空き時間を利用したり、どうしても終わらなければ翌日に回したりして、いつでも片づけることができます。それに対して、相手のある仕事を後回しにすると、迷惑をかけてしまうおそれがあります。

　基本的に、**最優先する相手はお客様**です。

　お客様なくして経営は成り立ちませんから、問い合わせや依頼があったらスピード感をもって対応してください。「電話が鳴ったら3コール以内で出る」「メールはできるだけ当日中に返す」などの行動は単なるマナーではなくて、スピード感ある対応をするためです。待たせる時間を減らし、お客様の満足度を高めましょう。

　また、**さほど急ぎではないと思われるような用件であっても、できるだけ早く対応すると会社や組織のイメージにはプラスです。**

　「あの件はどうなっているの？」「いつ返事をくれるの？」といったお客様からの催促や、「いつまで待たせるのか！」「対応が遅いぞ」といったクレームを防ぐこともできます。

　もちろん急を要する社内業務もありますので、場合によってはどちらを先にするかを判断する必要はありますが、基本的にはお客様ファーストでいきましょう。

お客様を待たせない

● 社外の対応を先にやる

先 ·········> 後

社外の対応	社内の対応
☐ お客様からの注文	☐ 後輩に仕事を教える
☐ 問い合わせ	☐ チームの仕事
☐ 取引先からのメール	☐ 他部署からの依頼
☐ 書類を送る	☐ 形式的な報連相 　（日報・議事録作成など）

● お客様優先が利益につながる

思ったよりも
早い対応
ありがとう！

こちらこそ
ありがとう
ございます！

お客様　　社員

顧客満足度・売上向上につながる

利益に
貢献

締め切りに遅れそうなら早めに相談

あなたの仕事を待つ人が対策を立てられる

☐ 実践したい　☐ 実践した

　社内で進める仕事は、たった1人では完結せず、前後に他人が関わる工程があります。たとえば、営業部のアシスタントAさんが見積書を作るとします。なぜ見積書を作るかといえば、その前に営業担当者Bさんがお客様に営業をしたからです。Aさんが見積書を作った後も、見積書をBさんに渡したり、上司のCさんに見てもらったりしてから、お客様の手に渡るでしょう。

　つまり、**仕事には依存関係がある**のです。Bさんが作業を始めるためには、Aさんが別の作業を終わらせている必要があるとすると、この2つは依存関係があるといいます。このように、チームの仕事はたくさんの依存関係で成り立っています。

　社内の仕事は、事情さえ話せば少し期限を延ばしてもらえる可能性があります。ただ、相手はあなたからの仕事を待って、次の工程に進まなければなりません。あなた1人の仕事が遅れたために、チーム全体の業務が停滞してしまっては困ります。

　そこで**万が一遅れそうなときは、締め切りよりも前に次の工程の人に相談し、いつ頃できそうか目途を伝えましょう**。

　そのうえで、できたところまでをいったん見せるのです。そうすると次の工程の人は完成形をイメージしたり、おおよその方向性を把握したりできます。また、待つ間に別の作業を前倒しに進めておくなどして、対策を立てやすくなります。

　大切なのは、ヘルプのサインを早めに出すこと。社内で協力し合って、お客様との約束は守りましょう。

お客様との約束を守る3STEP

Step 1 仕事の全体像を知っておく

| 営業活動 | 見積書作成 | 見積書確認 | 提案 |

営業担当　　　営業アシスタント　　営業部上司　　　営業担当
Bさん　　　　　Aさん　　　　　　　Cさん　　　　　Bさん

Step 2 遅れそうなときは早めに相談

遅れそうです   わかりました

Step 3 チームで協力して締め切りに間に合わせる

間に合わせるぞ！

POINT
締め切りの厳守は
ビジネスの基本です！

9 仕事が重なったら直接部門の依頼を優先
お客様の近くにいる人の仕事を支援する

☐ 実践したい　☐ 実践した

　職場にいる人たちから、次から次へと指示が飛んできたときは、上位者の指示を先に受けましょう。指示は上位者から下位者へ出されるので、**上司の指示を優先し、同僚の手伝いは後にします。**

　では、自分がいる部署の仕事と、ほかの部署から頼まれた仕事が同時にあったら、どちらを優先すべきでしょうか。

　組織には、直接部門と間接部門があります。直接部門は、売り上げに直結する生産や営業、購買などを指し、間接部門は、それを補佐する人事や総務、経理などです。

　よりお客様の近くにいるのは、直接部門の社員です。社内の部署に上下はありませんが、やはり現場でお客様と接する社員の仕事がはかどるよう、管理部門にいる人は支援すべきです。**お客様対応の業務をしている社員から依頼や問い合わせがあれば、優先的に対応しましょう。**

　もちろん、たとえ直接お客様と関わらなくても、いつもエンドユーザーの存在を意識することが大切です。どの部署であれ、「**会社の利益に貢献するためにできることは何かな？**」と考えてみてください。

　職制による指示もあります。総合職と一般職・業務職が仕事をするときは、総合職から一般職・業務職に指示が出ます。正規社員と非正規社員が仕事をするときは、正規社員から非正規社員に指示が出ます。**指示を出す側からの依頼を優先**しましょう。

　このように、立場と役割をふまえて考えることが大切です。

重なった仕事の優先順位の付け方

● すぐに判断する方法

Case 1 上位者が先、下位者が後

上司の指示 ▶ 同僚の手伝い

Case 2 先輩が先、後輩が後

先輩社員の指示 ▶ 後輩社員の手伝い

Case 3 直接部門が先、間接部門が後

営業部の質問に答える ▶ 経理部の質問に答える

Case 4 職制による指示

総合職 ▶ 一般職・業務職・地域限定社員

正規社員 ▶ 非正規社員

POINT

お客様関連業務は最優先に。
いつもエンドユーザーを意識しましょう！

プチ改善する

ほんのひと手間で大きな成果を得られる

□ 実践したい　□ 実践した

　ミスしない人は、ちょっとした工夫をしています。たとえばマニュアルを作ったり、整理整頓をしたり、仕事のやり方を見直したり。プチ改善をしてミスをなくそうとしているのです。

　マニュアル作りや整理整頓、仕事のやり方の見直し……。どれも重要な仕事ですが、締め切りはないので緊急ではありません。だから忙しいと先送りしがちです。

　「わざわざ仕事を増やすなんて嫌」「今のやり方で支障がないからパス」と及び腰になるかもしれません。

　でも、ミスをなくすためのプチ改善をすると、すぐに効果があらわれます。**ほんのひと手間かけるだけで、大きなリターンが期待できるので、やらなきゃ損！**　さっそく始めましょう。

　マニュアルを作ると、スムーズに、ミスなく作業を進めることができます。デスクを整理整頓すると、大事な書類が迷子になったり、誤ってなくしたりしません。

　また、これまでToDoリストを作らなかった人が活用するようになるのは、立派な「仕事のやり方の見直し」です。やることのモレをなくし、優先順位をつけて取り組めば、必ずや見違える成果があらわれます。

　とはいえ負担にならないよう、プチ改善で十分です。詳しいやり方は、この後お伝えしますので、ぜひお試しください。

ミスがなくなるプチ改善の例

マニュアルを作る

▼

仕事が
スムーズになる

デスクを片づける

▼

書類が
なくならない

不要な書類や
データを捨てる

▼

大切な書類を
見つけやすくなる

ToDoリストを作る

▼

優先順位を
つけやすくなる

知識やスキルを
身につける

▼

仕事をこなす
スピードが上がる

「割り込み常習犯」と交渉する

他人に振り回されず、やりたい仕事ができる

☐ 実践したい　☐ 実践した

　急に仕事を振られてしまい、やりたかったことができなかった。他人に振り回されて、あっという間に一日が終わった。そんな悔しい経験はありませんか？

　もっと早く指示や依頼ができるはずの仕事なのに、ギリギリになるまで放っておき、あわてて頼んでくる人がいます。その人たちのログセは「至急」「今すぐ」「今日中に」。こちらにも都合があるのに無茶振りしてくる「割り込み常習犯」のために対策を立てましょう。「割り込み常習犯」の要求はどんどんエスカレートするので注意してください。

　とはいえ、相手が目上の人だったら、真っ向から「できません」と断れませんよね。その場合は次のように対応しましょう。

　まず、「**至急とはいつまでですか？**」と質問して、納期の日付や時間を確認します。スケジュール的にムリだと思ったら、「○日○時までなら可能ですが……」と、**代わりの納期を自分から提案します**。次に「あいにく今日は○○の仕事がありますので」と、理由や状況を伝えます。このとき作成中の書類、受信したメールなどの現物を見せると、言い訳に聞こえません。

　そのうえで優先順位をたずねましょう。「**どちらの仕事を先にやりましょうか？**」と。

　明らかにムリなのに仕事を引き受けてしまうと、「できませんでした」という結果になりかねません。自分と相手のためにも「割り込み常習犯」としっかり交渉してください。

安請け合いはやめよう

● 無茶振り対策4つのポイント

Point 1 納期を数字(日付・時間)で確認する

大大大至急で
これよろしく！

上司

大至急とは
いつまでですか？

あなた

Point 2 ムリだと思ったら可能な納期を伝える

これ今日の
15時までに
よろしく！

上司

明日の15時まで
なら可能ですが…

あなた

Point 3 理由や状況を伝える

これ
できるよね？

上司

あいにく今日は
〇〇の仕事が
あります

あなた

Point 4 優先順位を相談する

これ
やっといて

上司

どちらの仕事を
先に
やりましょうか？

あなた

急ぎの仕事を減らす

マイペースを保てば重要な仕事ができる

☐ 実践したい ☐ 実践した

　急ぎの仕事に振り回されることは、ありませんか？

　注意したいのは、さほど重要でないのに、とにかく急がなければならない仕事に追われることです。

　気持ちがあせると、誰しもミスしやすくなります。もしミスをすれば、後始末に時間をとられて、本当はやりたかった重要な仕事ができなくなってしまいます。

　できるだけ減らしたい仕事の例を挙げます。

　クレーム対応、締め切りが差し迫った軽微な仕事、問い合わせや質問に答えること、電話やメール、スケジュール調整、経費精算、形式的な報告（日報作成）など。

　これらを減らすためには、次のような対策が有効です。

　クレームを受けないよう、心を込めて丁寧に接客や電話・メール対応をする。締め切りがあればギリギリまで手持ちせず、早めに取り組んで手放す。お客様からの問い合わせや質問を減らすには、「よくあるQ＆A」を作り、聞かれる前に説明する。スケジュールを調整するときは、都合のよい候補日時を相手よりも先に出す。

　そうやって早く動けば、**主導権を握れるので、相手から催促されません**。落ち着いて、自分の立てた予定通りに仕事を進められるので、ミスが減ります。

　急ぎの仕事はできるだけ減らして、マイペースを保ちましょう。

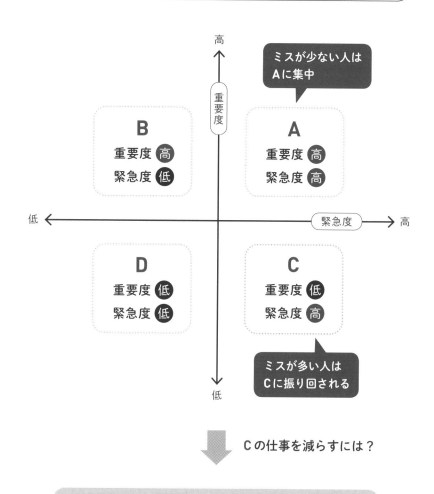

Cの仕事を減らすには？

- ☐ 丁寧な接客や電話・メール対応を心がける
- ☐ 仕事を早く提出する
- ☐ よくある質問を先に伝える
- ☐ マニュアルを作り質問を減らす
- ☐ セルフチェックやダブルチェックをする

余裕のある時期に仕込む

忙しい時期がラクになる秘けつ

☐ 実践したい　☐ 実践した

　忙しい時期と暇な時期があれば、なるべくその差をなくし、仕事量を一定に保ちたいもの。これを「**業務の平準化**」といいます。

「業務の平準化」は、ムダ・ムラ・ムリをなくすことです。ムダ・ムラ・ムリは、「３Ｍ」や「ダラリの法則」と呼ばれ、仕事がうまくいかない原因となります。

　暇になって時間を持て余すのは、ムダ。忙しくなって仕事量に対して時間が足りないのは、ムリ。ムダとムリがある状態をムラといいます。**業務を平準化すれば、この「ムラ」をなくせます。**

　月末は忙しく、反対に月初は落ち着く人は、月初に書類やデータの整理整頓をしたり、仕事のやり方を改善できないかアイデアを練ったりするとよいでしょう。

　閑散期は仕込みをするチャンスです。

　私の場合、例年もっとも暇なのは８月です。夏休み中は、各社から研修の依頼が少ないためです。そこで８月を「片づけ月間」にしています。先代のパソコンを処分したり、不要なデータや書類を廃棄したり、まとめてシュレッダーをかけたりして、ふだんやりたくても手つかずだったことをしています。

　暇な時期は、いつかやろうと先延ばししたことに手をつけましょう。すると忙しい時期がラクになりますよ。

「いえいえ暇な時期なんて一年中ありません」という人はスキマ時間を使ってください。**ほんの３分・５分でできることはたくさんあります**。小さな積み重ねも十分に効果があります。

毎日の仕事量を一定に保つ

● 業務の平準化でムラをなくす

月末	月初
・残業 ・仕事いっぱい ・余裕なし 忙しい	・時間あり ・余裕あり ヒマ

手つかずだったことをやる

● スキマ時間を活かす

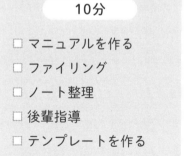

5分	10分
□ デスクを片づける □ シュレッダーをかける □ 文具発注 □ 連絡先を登録	□ マニュアルを作る □ ファイリング □ ノート整理 □ 後輩指導 □ テンプレートを作る

先延ばしの仕事を片づけておけば、
忙しい時期がラクになる

ムダ・ムラ・ムリをなくす
小さな心がけで落ち着いて仕事ができる

□ 実践したい　□ 実践した

　仕事にムダがあると時間を奪われ、ムリをするとミスが増えます。いつでも落ち着いて仕事ができるように、ムダ・ムラ・ムリをなくす方法を紹介します。

[ムダ]

・同じ方面に訪問先が複数あったら、日時を調整して、一度の外出で用件をすべて済ませられるようにする。

・簡単な打ち合わせは、訪問したり集まったりせずにオンライン会議やメールで済ませる。

・パソコンを操作するときは、キーボード操作でショートカットキーを使う。

・誤変換したときは削除・再入力せず、直したい部分にカーソルを合わせてスペースキーを押して再度「変換」する。

[ムリ]

・仕事の締め切りが一時的に集中していたら、分散できないか相談したり調整したりする。

・負荷の大きい仕事を1人で抱えている場合は、その一部をほかの人に振れないかを検討する。

[ムラ]

・時間に余裕のあるときに、多忙な時期の仕事を先行して進めておく。

今すぐできる効率化

Point 1　ムダをなくす

一度の外出で用件を済ませる

簡単な打ち合わせは
オンラインで

| Ctrl | + | A | ［すべて選択］ |

| Ctrl | + | F | ［文字検索］ |

ショートカットキーを使う

誤字は消さずに"再変換"

Point 2　ムリをなくす

締め切りを分散させる

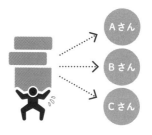

1人で仕事を抱えない

Point 3　ムラをなくす

時間があるときに
先行して仕事を進める

暇だなー
サボろう…

あの案件の下調べ
をしておこう

15

自分専用! 秘密のマニュアルを作る

仕事の理解が深まりミスがなくなる

☐ 実践したい ☐ 実践した

みんなで使うマニュアルがあろうとなかろうと、自分専用のマニュアルを作りましょう。なぜかというと、仕事の理解度や習熟度、ミスしやすい箇所は人それぞれだからです。とくに新しい仕事や定型業務を覚えるときは、**マニュアルがあれば、ミスなく速く仕事をこなせます**。

私は3年前からオンライン研修を新たに始めました。はじめはオンラインソフトの「Zoomアレルギー」でしたが、練習しながら手順や注意点をメモ書きしたところ大正解。以来それを見れば、失敗せずに操作できています。

マニュアルといっても、手間暇かけて作る必要はありません。たとえば、**準備するものや手順を箇条書きするだけで十分**です。また、パソコンの画面をプリントスクリーンで撮るのもいいでしょう。データなら、どこで仕事をしようがアクセスできます。

紙のノートの場合は、マニュアル用を1冊用意してください。または、ポケット式クリアファイルにメモした紙や印刷物をどんどん差し込んでいくと閲覧しやすくなります。

もしミスをしたら、留意点やミス防止のアイデアを書き加えてアップデートさせましょう。**ミスしやすい箇所を重点的にチェックするためのリストを作る**のもいいですね。

マニュアルを作ると、仕事の内容をおさらいでき、理解が深まります。何よりお守りになって、あなたがミスしないように救ってくれるでしょう。

自分用マニュアルの作り方

● マニュアルの内容

業務ごとの手順・フローを書く

☐ 事前に準備すること・必要なもの

☐ 手順・やり方

端末やパソコンの操作方法を書く

☐ 画面を印刷(プリントスクリーン)し、ポイントを書き加える

☐ 調べたことをQ&A方式で書く

☐ 役に立ったWebサイトを保存したり印刷したりする

作成のポイント

☐ 仕事が終わったときに、ササっと書いておく

☐ とくに定型業務や単純作業におすすめ

☐ ミスしたときに、留意点やミス防止のアイデアを書く

☐ スマホで写真や動画を撮ってもOK

POINT

マニュアルで予習してから
仕事をしましょう!

仕事は80点主義でいく
手持ちの案件を減らしていけば重要な仕事に注力できる

□ 実践したい　□ 実践した

　すべての仕事を完璧にやろうとすると、時間がいくらあっても足りません。**仕事には100点満点を目指すものと、80点でよしとするものがあるので、メリハリをつけましょう。**

　とくに1人で行う定型業務は、何をもって終わりにするのかがあいまいです。たとえば書類をPowerPointで作ると、デザインに凝りたくなってフォントや色を修正し続けることはありませんか。センスが問われる作業ならともかく、資料作りに時間をかけすぎるのはもったいないことです。

　また、電話を受けたときに書く伝言メモは、清書せずにそのまま相手へ渡しましょう。

　相手が期待していないのに、やりすぎてしまうことを「過剰品質」や「過剰サービス」といいます。過剰はムダですから、**「何を」「どこまで」やればいいのかを依頼主に確認し、それ以上のことはやらない、と決めましょう。**投入する時間をあらかじめ決め、時間がきたらやめる勇気を持ってください。

　もし上司から急な指示を受け、「なるべく早くやってほしい」と頼まれたら、スピードを優先します。80点の出来栄えで提出し上司にチェックをお願いしたってよいのです。

　仕事はキャッチボールです。**ボールを受け取ったら、80点の完成度ですばやく返して手持ちのペンディング案件を減らすこと。**そうすれば、100点満点を目指す仕事に注力できます。これからは80点主義を取り入れましょう。

完璧主義はNG

全部100点はムリ

80点を目指そう

スピード重視の
案件

資料のデザイン

伝言メモ

完璧を求められていない仕事も多い

● メリハリをつけて仕事する

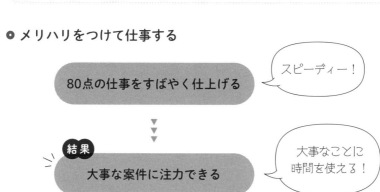

80点の仕事をすばやく仕上げる

スピーディー！

結果

大事な案件に注力できる

大事なことに
時間を使える！

Chapter 1

のおさらい

☐ 仕事は準備に多めの時間を割くと、
　集中力が高まり効率がよくなります。

☐ 仕事は、重要度と緊急度の高いもの、
　お客様から依頼されたもの、
　直接部門から頼まれたものを優先しましょう。

☐ 作業を細分化し工程を書き出すと、
　落ち着いて丁寧に作業を進められ、ミスを防げます。

☐ 準備するものや手順を箇条書きした
　「秘密のマニュアル」を作りましょう。

☐ 仕事を受け取ったら、80点の完成度ですばやく
　返して手持ちのペンディング案件を減らすと、
　100点満点が求められる仕事に注力できます。

ヌケ・モレ・遅れをなくす
スケジュール管理

仕事の現場では
スケジュール管理のミスも多く起こりがち。
しかし、スケジュール管理は意外に難しいものです。
Chapter2 でうまくコツをつかんで
仕事をスムーズに進めてください。

17

その場ですぐにメモする
可視化しておけばスケジュールミスを防げる

□ 実践したい　□ 実践した

スケジュールミスで代表的なものを5つ挙げると、**①納期遅延 ②遅刻　③アポすっぽかし　④ダブルブッキング　⑤ドタキャン**です。相手に迷惑をかけますし、信用を失う一因になるので、どれも避けたいものばかりです。これらのミスをなくすためには、「**記憶するより記録する！**」をモットーにしてください。

たとえ暗記力に自信があったとしても、人は忘れる生き物です。時間がたつにつれて記憶があいまいになったり、間違えて覚えていたりすることがあります。ですから**必ず文字にして可視化する**ことが大切です。

誰かと約束を交わしたとき、その予定が変更になったりキャンセルになったりしたときは、**必ず「すぐに」「その場で」記録してください**。

記録するツールは、手帳のほか、デジタルのスケジューラーなど、自分にとって使い勝手がよいものを選び、いつも肌身離さず持ち歩きましょう。

予定は1ヶ所にまとめることも大切です。ノートや付せんなどあちこちに書いてしまうと情報が分散し、転記する作業が必要になります。この転記を忘れがちです。

そして、**1日に何度も予定を見返してください**。とくに朝出社したときと帰る前はマストです。私はデスクにブックスタンドを置き、手帳を開いたまま仕事をしています。

アラームやリマインダー機能などを活用してもよいでしょう。

「記憶」より「記録」で確実に予定をこなす

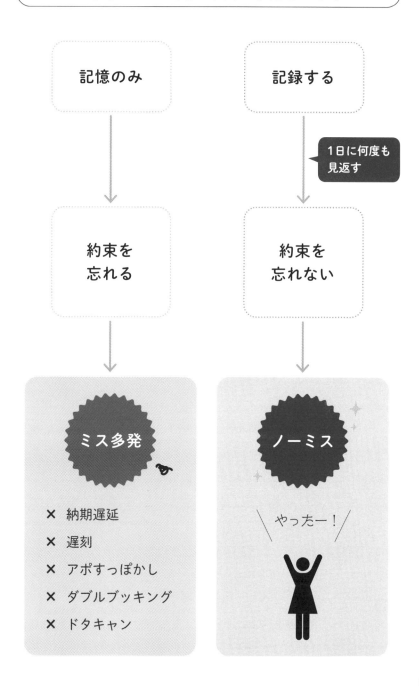

記憶のみ

記録する

1日に何度も見返す

約束を
忘れる

約束を
忘れない

ミス多発

ノーミス

✕　納期遅延

✕　遅刻

✕　アポすっぽかし

✕　ダブルブッキング

✕　ドタキャン

やったー！

毎日ToDoリストを作る

優先順位をつければ段取りよく仕事ができる

☐ 実践したい　☐ 実践した

　ToDoリストとは、やるべき仕事を挙げたもの。これを毎日作りましょう。

　ToDoリストでよく見かけるのは、思いつくままにやるべき仕事を並べたものです。作ること自体は立派ですが、残念ながら備忘録にすぎません。これにもうひと手間かけると、ToDoリストはあなたを強力にサポートしてくれるものへと様変わりします。

　ひと手間とは、**洗い出した業務に優先順位をつけること**です。ぜひ「1、2、3」と番号を振りましょう。そして、その日のスケジュール表の空いている時間帯に、どの業務を処理するのか、優先順に落とし込んでいきます。

　優先順位が一番高いものは、できれば朝一番に時間を確保してください。午前中は頭がさえていて集中タイムにもってこいだからです。夕方やろうとすると、前の仕事が押して先送りしてしまいかねません。残業すればいいと思っていても、長時間働けば疲れて集中力が途切れやすくなり、ミス注意警報が鳴るでしょう。

　優先順位の低いものや短時間でできることは、順位を書かずに書き出しておけば結構です。これはスキマ時間や待ち時間などを活用して処理します。予定していた仕事が思いのほか早く終わって少し時間が空いたとき、気分転換したいときなどに、「やってしまえる仕事はないかな？」と参照するためのリストになります。

　帰る前の5分間を翌日のToDoリスト作りにあてれば、段取りよく業務を進められます。たった5分の効果は絶大です。

ひと手間で段取りが変わる

Before 優先順位をつけない

何から
手をつけるべきか
わからない

3/3(月)

☐ メール返信

☐ 経費請求

☐ 日報作成

☐ 新規顧客へプレゼン資料作成

☐ 後輩指導

After 優先順位の高いもの・低いものに分ける

何から
手をつけるべきか
ひと目でわかる!

3/3(月)

高いものは
順位をつける

優先度 高

1.新規顧客へプレゼン資料作成

2.後輩指導

優先度 低

☐ メール返信

☐ 経費請求

☐ 日報作成

優先順位が高いものから
作業時間を確保できる

予定表の週始まりの曜日をそろえる
日付と曜日の組み合わせを間違えなくなる

☐ 実践したい　☐ 実践した

あなたは、日付と曜日の組み合わせを間違えるミスをしたことはありませんか？

たとえば、3日は水曜日なのに、なぜか木曜日と思い込むといった**勘違いによるミス**です。

誰かと日程を調整するとき、「〇月3日（木）」と書いたところ、相手からすかさず返信が来て「〇月3日は木曜日でなく水曜日です。3日（水）ですか？　それとも4日（木）ですか？」なんて指摘されると、恥ずかしいですよね。じつは私も先日やっちゃいました。

ミスの原因は、**予定表やカレンダーには、左端が日曜日で始まるタイプと、月曜日で始まるタイプとがあるから**だと思います。両方のタイプを兼用すると混乱しやすいのです。

よって、どちらの曜日からスタートするか決めましょう。

手帳やカレンダー売り場に行くと、両方のタイプのものが売られています。どちらの曜日が使いやすいかを検討してから購入してください。

デジタルでスケジュールを管理する場合は、週始まりの曜日を設定できるものが少なくありません。たとえば、Google カレンダーやMicrosoft Outlookの予定表は、ともに初期設定が日曜始まりです。これを変更できます。

手帳やカレンダー、デジタルスケジューラーなどは、すべて日曜始まりか、月曜始まりにそろえるとよいでしょう。

2種類の予定表を併用しない

日曜始まり

日	月	火	水	木	金	土
	1	2	3	4	5	6

.... 3日は左から4列目

迷って
しまう

月曜始まり

月	火	水	木	金	土	日
1	2	3	4	5	6	7

.... 3日は左から3列目

↓

すべての予定表の
週の始まりを統一する

手帳　　　　カレンダー　　　デジタル
　　　　　　　　　　　　　スケジューラー

20 自分の手を見て月の残り日数を知る
月末の締め切りが何日かすぐにわかる

☐ 実践したい　☐ 実践した

　納期や締め切りは、月末に設定することが多いもの。月末には30日と31日がありますね。「あれ？ 今月って何日まであるんだっけ？」と思い出せないときのために、カレンダーを見なくてもわかる方法を知っておきましょう。

　まず、右手か左手を握り、グーを作ります。次に人差し指から小指に向かって、山と谷を順に「1、2、3、4、5、6、7」と言いながら数えてください。小指でUターンして「8、9、10、11、12」と、また中指まで戻ってきます。

　山は31日まである月。

　谷は30日まである月です。

　つまり、1・3・5・7・8・10・12月は31日まで。30日までなのは、谷の2・4・6・9・11月です。

　ただし2月は例外で28日まで。4年に1度うるう年が来て、29日になります。ちなみに、うるう年は基本的に4の倍数の年なので2024年、2028年、2032年に訪れます。

　もうひとつ、語呂合わせで覚える方法もあります。**「西向く士」（にしむくさむらい）で、2・4・6・9・11（十一を士にし、さむらいとする）が30日**、それ以外の月は31日です。ただし2月は例外です。

　私は、子供の頃からグーを使っています。手軽で瞬時にわかる方法なので、ぜひお試しください。

月の日数の数え方

Case 1 グーで数える

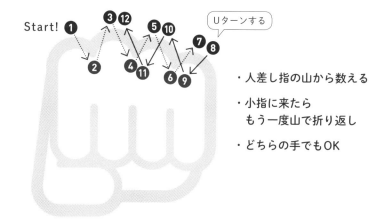

Start! ❶

・人差し指の山から数える

・小指に来たら
　もう一度山で折り返し

・どちらの手でもOK

Uターンする

「山」の月は31日まで … ❶ ❸ ❺ ❼ ❽ ❿ ⓬

「谷」の月は30日まで … ❷ ❹ ❻ ❾ ⓫

Case 2 語呂合わせで覚える

西（にし）向（む）く士（さむらい）
2 4　6　9　11

➡ 30日まで
それ以外は31日まで

2月は例外

・通常28日まで
・基本的に4の倍数の年は29日まで

My営業時間を決める

指示や頼みごとが時間に余裕をもって来るようになる

□ 実践したい　□ 実践した

IT化やDX化が進んでいるとはいえ、個人の仕事は煩雑化し、役割も高度化して業務量が増えているのが実情です。「残業しないようにと言われても、仕事が終わらなくて……」と嘆いている人も多いでしょう。

「仕事が終わるまでやる」「終業後に予定を入れない」。この2つは仕事熱心な人にありがちですが、残業が恒常化すると、疲れがたまり集中力が下がります。

そこでMy営業時間を決めましょう。そもそも会社の営業時間は決められていて、時間外に電話をかけると留守番電話が対応することも少なくないですよね。同じように、あなたも営業時間を決めませんか？　**基本は就業時間と同じにし、時間外に仕事の予定は入れないこと**。1人でする作業を含めてです。

18時終業の場合、もし17時以降に仕事を頼まれたら、「明日でいいですか？」と勇気をもって答えてください。急ぎでないメールが届けば、返信は翌日に回してよいでしょう。

そうして「早帰りする人」というキャラが浸透したらしめたもの。**指示や頼みごとが時間に余裕をもって来るようになります**よ。

すべての仕事を終えるまでやると、いくら時間があっても足りません。まずは、それぞれの仕事の投入時間を決め、時間が来たらやめてください。**過剰品質や過剰サービスはムダ**です。

これからはMy営業時間を決めて、メリハリある働き方をしましょう。

早帰りする人になってメリハリをつけて働く

Before 残業の悪循環

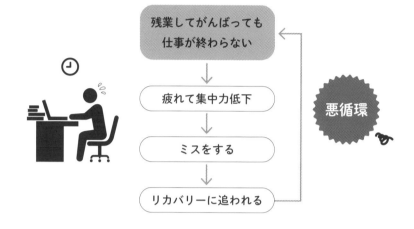

残業してがんばっても
仕事が終わらない

↓

疲れて集中力低下

↓

ミスをする

↓

リカバリーに追われる

悪循環

After 早帰りの好循環

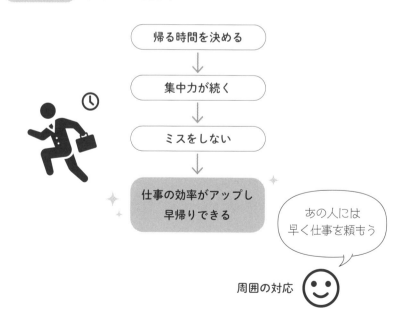

帰る時間を決める

↓

集中力が続く

↓

ミスをしない

↓

仕事の効率がアップし
早帰りできる

あの人には
早く仕事を頼もう

周囲の対応

22 相手の都合を考えて納期を設定する
相手は落ち着いて仕事を進められるので品質が上がる

☐ 実践したい ☐ 実践した

　こちらから誰かに指示を出したり、お願いごとをしたりするとき
は、相手にきっちり納期を守ってもらいましょう。そのためのポイ
ントは2つあります。

　1つめは、**相手に十分な時間を与えること**です。納期から逆算し
て早めに段取りを組んでください。相手が忙しくしている中で仕事
を頼むのですから、1日でも早く指示するが勝ち。早めに指示を出
せば、十分な時間を与えることができます。

　誰しも都合がありますから自分の都合で急かしたり、無茶な要求
をしたりしてはいけません。「至急」「絶対今日中に」などと要求す
ると、いずれ協力してもらえなくなります。

　時間がたっぷりあれば、相手は他の仕事と調整しながら落ち着い
て進められます。セルフチェックをしてミスをなくし、品質を上げ
てから納品してくれるでしょう。

　2つめは、**「納期までに仕事ができますか？」とたずねること**です。
確認をとらないまま任せると、後になって「できませんでした」と
言われることがあるためです。

　さらに相手の仕事が混雑している場合は、対応を何パターンか想
定しておくとあわてません。たとえば、**①納期を延ばす　②他の
人に頼む　③自分で引き取る** など。

　「納期まで十分な時間を与える」と「納期までに仕事ができるか確
認する」をセットにすると、一方的な印象は与えません。相手のや
る気を引き出して、よい仕事をしてもらいましょう。

納期を守ってもらえる仕事の頼み方

Case 1 ゴールから逆算して仕事を頼む

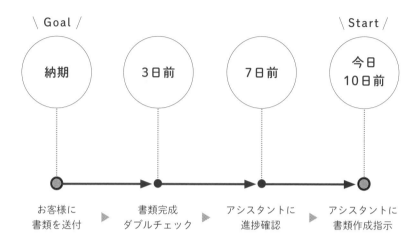

\ Goal /　納期　3日前　7日前　\ Start /　今日 10日前

お客様に 書類を送付 ▶ 書類完成 ダブルチェック ▶ アシスタントに 進捗確認 ▶ アシスタントに 書類作成指示

相手に十分な時間を与えられる

Case 2 納期までにできるか確認する

○月○日までに できますか？

立て込んでいるので もう少し時間を ください！

アシスタント

相手の状況を確認して対策を立てられる

My締め切りを作る
本来の締め切りより1日でも早く提出すれば評価される

☐ 実践したい　☐ 実践した

　締め切りを守るために、**My締め切り**を作りましょう。

　締め切りは、たいてい仕事の指示を出したり依頼したりする側が決めます。このデッドラインだけをスケジューラーに記すと、見落としたり、予想よりも時間がかかったりして遅れてしまうことがあります。

　おすすめするのは、相手との約束だけではなく、自分と約束を交わすことです。つまりMy締め切りを作るのです。

　本来の締め切りの1日以上前にMy締め切りを設定し、その日までに仕事を完成させて、デッドラインより早く提出する作戦です。

　作業も納期逆算方式で、前倒しにスケジュールを組んでください。予定表には着手する日、作業する日も書き入れます。いくつも予定を書くことで見落としを防ぎ、注意を喚起できるでしょう。

　急な仕事が入る、病気になったり事故や災害に遭ったりするなど、予期せぬ出来事は誰にでも起こりえます。ですから、締め切りより前に提出する習慣を身につけてください。

　締め切りに1日でも遅れるとプロ失格と言われますが、**1日でも早く提出すれば、「段取りがいいね」とほめられたり、「ありがとう」と言われたりします。**

　手持ちの仕事を1つでも減らすと達成感があり、ストレスも減りますよ。

　ぜひMy締め切りを作り、早め早めに取りかかりましょう。

My締め切りで動けば納期を落とさない

Before　本来の締め切りに合わせたスケジュール

3/3	3/4	3/5	3/6	3/7
スタート				締め切り
資料集め	構成案作り	パワポ作成	チェック修正	提出

> 急な仕事や病欠でアウト！

After　My締め切りを作ったスケジュール

3/1	3/2	3/3	3/4	3/5	3/6	3/7
スタート				My締め切り		締め切り
資料集め	構成案作り	パワポ作成	チェック修正	早めに提出		

> スケジュールに余裕ができ万が一の時も安心

メリット

- ☐「仕事が早い」とほめられる
- ☐ 相手に処理時間をプレゼントできる
- ☐ 先手で仕掛ける習慣が身につく
- ☐ 催促されないのでバタバタしなくなる
- ☐ ミスが減る
- ☐ 急な仕事や病欠があっても対応できる
- ☐ 自分の時間を貯められる

自分にアポをとる
集中して取り組む時間を確保して仕事の成果を上げる

□ 実践したい　□ 実践した

　スケジュール管理をする目的は、誰かとの予定をすっぽかさないためだけではありません。**自分の時間を有効に使い、ミスなく正確に仕事を進めるため**です。

　手帳やスケジューラーに顧客訪問やら会議やらの予定をびっしり書き込んでいる人を見かけます。デスクにいる時間はほとんどありません。それではたして仕事はうまく回るでしょうか。

　営業職であれば、1件の成約をとるためには、お客様とメールでやりとりしたり、書類を作ったりといった準備が必要です。また、上司に状況を報告したり、先方から頼まれた確認事項に答えたりといった事後的なフォローも必要になるでしょう。こういう時間をしっかりとっている人の方が、ただ忙しく歩き回っている人よりも営業成績がよかったりします。

　では、自分の時間を確保するにはどうしたらいいのでしょうか。やり方は簡単です。自分とアポイントを交わせばよいのです。**自分のスケジュールのなかで、集中して取り組む時間をまず確保**します。この時間帯は自分の仕事が最優先。よほどの用件でないかぎり、外からのアポイントも、打ち合わせも入れません。

　空き時間があると、暇だと勘違いしかねません。**これからは自分とアポイントを交わして、他の予定が入らないようにブロックする。**こうしたメリハリのきいた時間の使い方を工夫することも、スケジュール管理のポイントのひとつです。

最初に自分時間を確保

● 仕事が回らない人のスケジュール

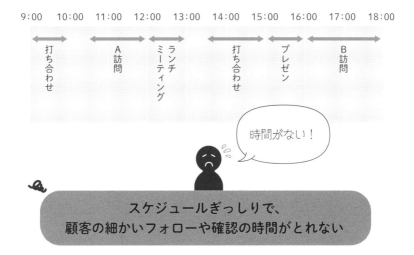

● 仕事がうまく回る人のスケジュール

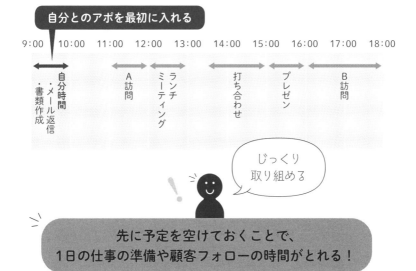

「すぐやります」と言わない

所要時間を多めに伝えれば約束を守りやすくなる

☐ 実践したい　☐ 実践した

　仕事を頼まれて、**自分で期限や納期を決めてよいときは、遅めに見積もって相手に伝えましょう**。

　上司やお客様から「この仕事をお願いしたいんだけど、いつまでならできそう？」とたずねられたとします。そのとき今日中になんとかなると思っても、「3日後までならできます」と答えるのが得策です。

　仕事を頼まれたときに「すぐやります！」と答える人がいます。期待に応えようとして、やる気を見せるのはいいことですが、有言実行で対処できるとは限りません。

　もし約束を反故にすれば、「すぐできないなら正直に言ってよ」「期待をもたせないでほしい」なんてお叱りを受けることも。自分で自分の首を絞めることになっては損をします。

　割り込み仕事は、いつ入ってくるか予測がつきません。電話は突然かかってきますし、予想外のメールも飛んできます。予定は狂うもの。計画通りにはいきません。

　よって、**やる気フレーズの「すぐやります！」は禁句**にしましょう。

　仕事を頼まれたときは、所要時間を多めに見積もって伝えること。落ち着いて仕事をするためには、バッファーだって必要です。3日後と言って2日後に提出すれば約束を守れます。さらに「思ったより早いね」「ミスがないよ。ありがとう」とお礼を言われたりほめられたりと、いいことだらけです。

「やる気フレーズ」を見直す

 「すぐやります」は要注意

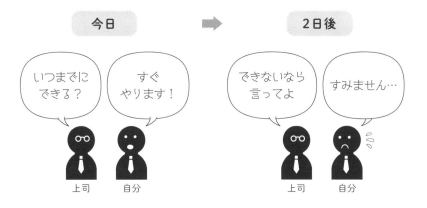

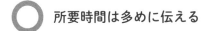 **所要時間は多めに伝える**

早めに提出できれば評価が上がる

日程調整も優先順位を考える
スムーズに日程が決まりよけいな手間が増えない

☐ 実践したい　☐ 実践した

　誰かと会議などの日程を調整するときは、次の手順をお試しください。きっとスムーズに日程が決まるでしょう。

1．人数の多い会議が先、人数の少ない会議は後

　10名の会議と2名の会議があったら、10名の日程を先に決めます。

2．上司の都合が先、部下の都合は後

　一般的に上司は部下よりも忙しく、スケジュールが先まで埋まっています。そこで**まずは上司の空いている日程をたずね、2つから3つ仮おさえしてもらいます**。そのうえで仮おさえした日程を部下たちに示し、1つに絞り込みましょう。会議をしない日、つまり不要になった仮おさえ日は、解除してもらいます。

3．外勤の人が先、内勤の人は後

　職場に営業職などで外回りをする人がいれば、その人の都合を優先します。日中オフィスを出たり入ったりしていますし、**お客様や取引先と交わしたアポイントは、特段の事情がない限り仕事をいただく側からキャンセル・変更はできません**。そのため外勤と内勤の人がいれば、外勤の人の都合を優先すると、業務に支障をきたしにくいでしょう。

4．主賓の都合が先、接待する側は後

　接待や歓送迎会をするときは、主賓の都合を優先します。連れていきたいお店があれば、営業日や個室が空いてる日を調べてから主賓に都合を聞くと安心です。

失敗しない日程調整のポイント

Point 1 上司の予定は2〜3日仮おさえする

仮おさえ

	1	2	3	4	5	6	7	8	9	10	11	12
部長				◯				◯		◉		
自分								◯		◯		
部下				◯						◯		

決定

**仮おさえした中から自分や部下が出席で
きる日を申告するとスムーズ**

Point 2 外勤の人の都合に合わせる

	1	2	3	4	5	6	7	8	9	10	11	12
営業 Aさん	A社アポ	B社アポ	社内プレ	C社アポ	A社契約	社内プレ	B社契約	空き	C社契約	空き	D社挨拶	社内プレ

**お客様や取引先とのアポに
影響しない日程から選ぶ**

Point 3 接待時は先にお店をキープ

来月、個室がとれる日を
教えてください

確実に入店できる日から主賓の都合に合わせる

他人の予定もおさえる

相手の都合に合わせれば協力してもらいやすい

☐ 実践したい　☐ 実践した

　自分の予定は、すっぽかさないように手帳やスケジューラーで管理している人が多いでしょう。では、上司や同僚の予定もバッチリ把握していますか？

　うっかりミスを防ぐためには、他人の予定もおさえてください。なぜかというと、仕事の多くは自分1人では完結しないためです。

　たとえば、あなたが上司にお客様へ送る書類をチェックしてもらうとします。もし、あなたが締め切り当日になって書類を仕上げ、上司にすぐに見てもらえるだろうと目論んだとしても、はたして快諾してもらえるでしょうか。

　きっと上司は部下よりも忙しくしているはずです。プレイングマネージャーとして自分の仕事を抱え、部下をマネジメントし、会議や外出も多いとなると、すぐにその場で書類を見てもらえるとは限りません。もしくは、その日は休暇をとっていた……なんていうこともありえますから、その時点で納期遅延が確定してしまいます。

　あなたに都合があるように、当然上司にも都合があります。締め切り間際の仕事に追われることもあれば、体調が悪いこともあるでしょう。

　ですから、**人と一緒に仕事をする以上、あらかじめ相手の都合を知っておくことが大切です。**

　日頃から上司の予定を把握し、前もってお願いすれば、きっと快く協力してもらえるでしょう。

上司やメンバーの動きを知ってミスを防ぐ

Before 自分の分だけスケジュール管理

	7/1	7/2	7/3	7/4	7/5
自分					在宅

上司が休みで
今日締め切りの書類に
承認がもらえない…！

部下が在宅なのに、
会議室を
おさえちゃった！

After 自分とメンバーのスケジュール管理

	7/1	7/2	7/3	7/4	7/5
自分					在宅
部長			有給		
部下 A			出張	出張	
部下 B		在宅	在宅		

全員出社している1日に
会議室を予約しよう

上司がいる2日までに
承認をもらおう！

始めと終わりの時間を相手に伝える
相手も予定の時間内に終わらせようと協力してくれる

☐ 実践したい　☐ 実践した

　複数のアポイントがあるとき、ちゃんと時間を空けて予定を入れたはずなのに、予想よりも前のアポに時間がかかり、次の予定に遅れてしまうことがあります。

　このような失敗の原因は、訪問時間だけを伝えたことにあるのではないでしょうか。今後は、**始めと終わりの時間、両方を伝えましょう**。

　たとえば、あなたが他社を訪問するとします。その際は、「1時間ほどお時間をいただきたい」と所要時間を伝えてください。

　メールには、「○月○日（○曜）13時〜14時まで」というように、終わり時間まで入れましょう。

　さらに、訪問した際は「本日は13時から14時までお時間をいただき、ありがとうございます」と念押しすること。「次のアポは14時半から○○駅近くの企業であるんです」などと、次の予定を示唆すると、より効果的です。相手も時計をチラ見しながら、**時間内に話を終わらせようと協力してくれる**でしょう。

　外出や訪問する機会があまりないなら、社内の打ち合わせなどのときに、「次のミーティングが○時からあります」「お客様から1時間後に電話がかかってくる予定です」などをお試しください。

　終わり時間を伝えると、「いつまでたっても終わらない会議」や「堂々めぐりの議論」を防げますし、話の脱線を避けられる効果があります。

　お互いの時間を大切にするためにも、予防線を張ると安心です。

終わり時間を確実に伝える方法

Case 1 アポイントをとるときにメールで伝える

以下のご都合はいかがですか？

① 3/1（月）　14:00〜15:00

② 3/2（火）　13:00〜17:00のうち1時間

③ 3/3（水）　10:30〜11:30

Case 2 当日に念押しする

16時から別件で
打ち合わせが
あるんです

そうですか
では本題に
入りましょう

あなた　　　　　相手

話が長引いたり脱線したりしなくなる

「徒歩3分」の意味を知っておく
目安として考え早めに行動すれば遅刻は防げる

☐ 実践したい　☐ 実践した

　先日のこと。あろうことか顧客企業を訪問する時間に遅れてしまいました。

　都心にある某ホテルにおり、顧客企業へ地下鉄で行くことにしました。ホテルのホームページには、地下鉄の〇〇駅まで「徒歩3分」と書いてあります。近いと思いながら歩いたところ、行けども行けども地下道が続き、駅にたどり着きません。発車時刻が迫り、ダッシュしたのも虚しく電車は行ってしまいました。次の電車に乗ったけれど、悲しいかな遅刻したしだいです。人のせいにしてはいけませんが、あなたが同じ失敗をしないようにお伝えします。**会社のホームページなどに載っているアクセス方法を見て「徒歩3分」と書いてあっても鵜呑みにしないでください！**

　では、「徒歩〇分」とは、どのような基準なのか調べてみました。「不動産の表示に関する公正競争規約施行規則」によると、「徒歩による所要時間は、道路距離**80メートルにつき1分間**を要するものとして算出した数値を表示すること」とあります。

　ホテルが駅近に見せるために、嘘をついたわけではありません。後日ホームページに目を凝らすと、「徒歩約3分」や「徒歩3分程度」と書かれていました。自分の都合で「約」や「程度」の文字を見落としたようです。

　歩く速さは人それぞれですし、はじめての場所は迷うこともあります。また、大都市圏の地下道は複雑に入り組んでいます。あくまで目安として活用し、早め早めの行動が安心ですね。

地図の表示を鵜呑みにしない

● 表記時間の落とし穴を知る

歩く速さでかかる時間は変わる

道に迷えばタイムロス

●「徒歩3分」は240メートル

　… 徒歩による所要時間は、道路距離80メートルにつき
　　1分間を要するものとして算出した数値

【参考】「不動産の表示に関する公正競争規約施行規則」

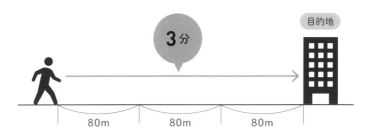

● 早めの行動を心がける

10分前に到着するように逆算

目的地の入り口を確認しておく

外ランチは 11 時半にスタートする
昼休憩を有意義に過ごして午後の仕事に臨める

☐ 実践したい　☐ 実践した

　ランチは勤務中の楽しみのひとつ。もし外食するときは、食事を満喫できるよう、11 時半からとることをおすすめします。**ランチタイムが始まる頃に入店すると、スタッフや厨房に余裕があり、すばやく対応してもらえるから**です。

　昼休憩は、12 時から 13 時にとる人の割合が最も多いでしょう。となると 12 時以降は、お店が混みます。一巡目で満席になると、誰かが退店するまで待つことに。いつ席につけるのか、料理にありつけるのか、それとも他のお店を探すべきか、時計をチラ見しながら不安が募ると、リフレッシュどころかストレスになりかねません。

　先日、取引先の社長さんと、ランチをしたときのこと。11 時半から中華料理店に予約を入れてくださいました。東京駅近くにある人気店ですが、レストランのオープン時間なので店内はガラガラ。休憩の 1 時間が長く感じ、ゆっくり話せたので、「時間の使い方がさすが」と感心しました。

　とはいえ 12 時以降でないと休憩をとれない場合もありますよね。私も若手社員の頃は、早めに席を立つ偉い人やキャリア組を見ては、「いいな」「ずるい」と恨めしい目で見ていましたから。

　でもあきらめることなかれ。予約できるお店を探したり、常連になって顔を覚えられ、融通をきかせてもらったりするのも手です。

　昼休憩の 60 分間を有意義に過ごして、午後の仕事の英気を養いましょう。

30分早く出てランチタイムを有意義に過ごす

Before 12時からランチタイムの場合

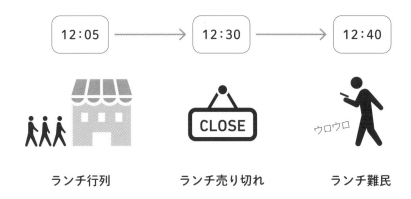

| 12:05 | 12:30 | 12:40 |

ランチ行列 　ランチ売り切れ 　ランチ難民

After 11時半からランチタイムの場合

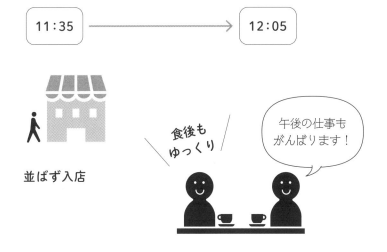

| 11:35 | 12:05 |

並ばず入店

食後も
ゆっくり

午後の仕事も
がんばります！

出張の手配は早い者勝ちと心得る
のんびりしていると乗り物やホテルが予約できないことも

☐ 実践したい　☐ 実践した

　出張が決まったら、いち早く乗り物やホテルを手配しましょう。 モタモタしているとホテルは満室、乗り物は満席になるやもしれず。あせって空室・空席を探しまくると、時間がもったいないことになります。

　平日であっても、行楽シーズンや三連休の前後は早くから旅行や帰省客で予約が埋まります。のんびり構えていると、痛い目に遭いますよ。

　航空会社ではタイムセールを実施して、お得な搭乗期間を設定するところがあります。狙っている顧客は意外と多く、あっという間に満席になることも。私も、まだ先の出張だからと見くびっていたら、1カ月前に飛行機とホテルの予約が埋まっていて冷や汗をかいたことがありました。

　早く予約をすると、費用がお得になる場合もあります。 たとえば、JR東日本のスマートEXは、東海道・山陽・九州新幹線のWeb予約サービスで年会費無料です。スマートフォンから列車の予約や変更ができるので便利ですよ。

　このサービスは3日前までに予約すると、割引が適用されます。21日（3週間）前までの予約なら、さらにお得です。上司や同行者の分も一緒に取れば、人数分のコスト削減ができるでしょう（詳しくはJRスマートEXのWebサイト参照）。ホテルも早割りのお得なプランを用意しているところがあるので、チェックしてみてください。

出張の達人になるコツ

Tips 1 出張が決まったらすぐに乗り物・ホテルを手配

Tips 2 新幹線や飛行機は当日も並ばずスマホから手続き

オンライン会議のリマインドメールを送る
手軽に開けるオンライン会議の予定は忘れやすい

☐ 実践したい　☐ 実践した

　オンライン会議は、実際に客先を訪問したり、会議室に集まらずに参加したりできるのがメリット。ただ、移動をともなわないので予定をうっかり忘れたり、すっぽかしやすかったりするのも事実です。

　ホスト（主催者）になるときは、パソコンが自動的にリマインダーで知らせてくれるので、会議の予定を思い出しやすいと思います。

　ホストとして心配なのは、参加者にすっぽかされることです。そこで、**参加者にリマインドメールを送るとよい**でしょう。ちなみにリマインドとは、「思い出させる」という意味です。

　会議の日時が決まったら、ホストとして参加者へZoomなどオンライン会議サービスの招待メールを送り、日時やパスコードなどを知らせるのが一般的なやり方です。

　ただ、会議まで1週間以上空くと、ゲスト（参加者）はどうしても日時を忘れやすくなります。そこでホストは**会議の前日くらいにリマインドメールを送ると万全**です。このとき、再度パスコードなどの情報を載せておくと親切でしょう。

　リマインドメールを送ると失礼ではないか、しつこいのではないかと二の足を踏む人がいますが、遠慮は無用。

　誰だって約束を反故にしようとは思っていません。「思い出させてくれてありがとう」と言われるようなリマインドメールを送って、スムーズに会議を始めてください。

すっぽかしがなくなるリマインドメール

件名に予定の
日時を入れる

件名：【リマインド】チームミーティング　3/5（月）10:00〜

チーム各位

以下にてチームミーティングを行います。 ← 用件は簡潔に
参加願います。
————————————————————————————
3/5（月）10:00〜
ミーティング URL= https:// ●●●●●●●●●●●●●
PASS= sugowaza100
———————————————————————————— ← 入室情報は
改めて送る
入室情報は 2/20 発信のものと変更なし
————————————————————————————

企画部　凄田技郎
————————————————————————————

● リマインドメールを送るタイミング

1回目
日時が
決まったら

2回目
予定の前日

Chapter 2
のおさらい

- ☐ アポイントをとったら「すぐに」「その場で」
  記録しましょう。

- ☐ 毎日 ToDo リストを作り、
  業務に優先順位をつけましょう。

- ☐ 本来の締め切りより前に My 締め切りを設定し、
  早めに提出すると高評価につながります。

- ☐ アポイントをとったら、終わりの時間も伝えておく
  と、時間内に終わるよう相手も協力してくれます。

- ☐ 外ランチは 11 時半にスタートするとスムーズに
  食事を終え、昼休憩を有意義に使えます。

- ☐ オンライン会議の予定は忘れやすいので、
  参加者にリマインドメールを送りましょう。

Chapter

3

仕事をなめらかに進める

コミュニケーション

仕事のできる人は、周りの人たちと
上手にコミュニケーションをとっています。
上司や同僚、部下、取引先の担当者と
どのようにやりとりをすればいいのか解説します。

積極的に質問する
質問すると相手の期待に応える仕事ができる

☐ 実践したい　☐ 実践した

　指示を受けたとき、わからないことがあれば、遠慮なく質問してください。どのような質問をすればよいか、具体例をお伝えします。

> **1．はじめてやる仕事の場合**
> 「何から始めたらいいか、手順を教えてもらえませんか？」
> 「この仕事をやったことがある人（または詳しい人）は誰ですか？」
> 「参考になる資料やデータはどれですか？」
>
> **2．やったことがある仕事の場合**
> 「前回と同じやり方でよろしいですか？」
> 「前回との違いはありますか？」
> 「今回の注意すべき点は、何ですか？」
>
> **3．仕事の一部分だけ頼まれた場合**
> 「どのように仕上げましょうか？」
> 「どんな目的や用途がありますか？」
> 「次の工程は何ですか？」

　これらの質問をするタイミングは、指示を受けたときがベストですが、着手したあとであれば、早ければ早いほどよいでしょう。なぜなら、1人で悩む時間が減り、誤った自己判断もしなくなるからです。

　積極的に質問して、上司が頭で描いているイメージをどんどん引き出してください。**上司のイメージを理解してから仕事に取りかかると、時短になり、やり直しの確率も下がります**。

「あれこれたずねると失礼では？」という心配はいりません。積極的な質問は、むしろ前向きで真摯な姿勢に映るのでプラスです。

効率よく仕事するための質問法

● わからないまま進めるといいことなし

● 仕事別の質問事項

はじめてやる仕事
- □ 何から始めるか　□ 手順
- □ この仕事に詳しい人は誰か
- □ 参考資料やデータはどれか

やったことがある仕事
- □ 前回と同じやり方でいいか
- □ 前回との違い
- □ 今回の注意すべき点

一部分だけ頼まれた仕事
- □ どのように仕上げるか
- □ 目的・用途は何か
- □ 次の工程は何か

指示を受けたらメモして復唱
指示が伝わっているか相手は確認できる

☐ 実践したい　☐ 実践した

　あなたがレストランや飲み屋さんで注文するときを想像してください。「焼き鳥と枝豆とポテトフライ大盛と生ビール2杯お願いします」。このときスタッフが、メモをとらずに「ハイハイ」「わかりました〜」と返事をして立ち去ったら、ちょっと心配になりませんか？

　メモに書かなければ、注文を忘れられるかもしれません。注文をくり返してくれないと、正しく伝わったかどうか確認できません。もし違うものが運ばれてきたら、注文の受け方に問題があると怒りたくなるのでは？

　本来は、注文を聞きながらメモをとり、最後に「ご注文をくり返します」と言ってほしいですよね。そうすれば、「その通り！」とか「違います」と答えられますし、もし間違っていたら修正してもらえます。

　なぜメモをとるか、それはズバリ、**忘れないようにするため**です。あなたも物忘れをすることはよくありますよね？

　仕事の指示を受けるときは、すぐにその場でメモしてください。たとえ暗記力に自信があっても、過信は禁物です。そしてメモを見ながら、指示をくり返してください。**くり返すと、指示した人は正しく伝わったかどうか確認できます。**もし理解していないと思われたら、もう一度説明してくれるはずです。

　「メモをとる」「くり返す」。この2つを忠実に守ってください。

指示・メモ・復唱はワンセット

● 指示の受け方

呼ばれたら返事をする

はい！

指示の内容をメモする

すぐにメモ

わからないことは質問する

○○って何ですか？

指示をくり返す

はい、○○を××するんですね？

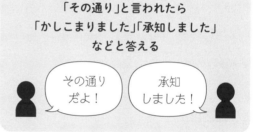

「その通り」と言われたら「かしこまりました」「承知しました」などと答える

その通りだよ！

承知しました！

● メモと復唱のメリット

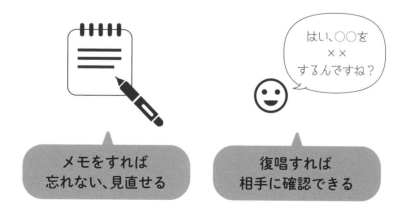

メモをすれば忘れない、見直せる

はい、○○を××するんですね？

復唱すれば相手に確認できる

仕事の途中で報告する

やり直したとしてもムダな時間が少なくて済む

☐ 実践したい　☐ 実践した

　複数の人と仕事をするとき、人と人とのつなぎ目で起きるのがコミュニケーションミスです。「毎日のように顔を突き合わせている間柄だから大丈夫」と油断したらダメ。必ず意思疎通をはかってください。

　上司から指示を受けて、期待と違う仕事をしてしまい、やり直しを命じられることがあります。これは上司と自分の認識にズレがあったためです。せっかく苦労して仕上げた仕事なのに、やり直すことになったら悲しいですね。そうならないよう先手を打ちましょう。

　たとえば、上司から指示された仕事に3日かかるとします。このとき3日後に完成してから上司に見せるのでは遅すぎます。1日目に、「ここまでやりましたが、イメージと合っていますか?」とたずね、上司に目を通してもらってください。

　このように途中で確認することを「中間報告」と言います。**仕事が3割くらい進んだ時点で確認をとると、両者の認識が合っているかどうかハッキリわかります**。

　軌道修正するなら早ければ早いほどよく、お互いの時間をムダにしません。もしもイメージと違っていても、その時点からやり直せばいいので、3日かかる仕事のうち、ムダにしたのは1日分になります。

　上司は指示を出した後、部下の仕事が気になっています。安心させるためにも、自分から中間報告をしてください。

スムーズに仕事を進めるための中間報告

● 中間報告とは

… 指示された仕事が完了する前に、途中で行う確認のこと

指示を受ける → 中間報告 → 終了報告

● 中間報告がムダを減らす理由

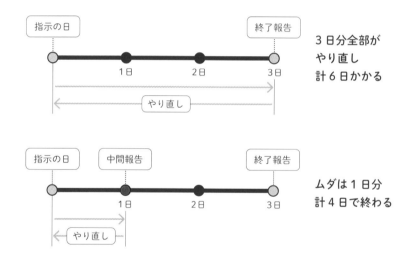

指示の日　終了報告

1日　2日　3日

やり直し

3日分全部が
やり直し
計6日かかる

指示の日　中間報告　終了報告

1日　2日　3日

やり直し

ムダは1日分
計4日で終わる

● 中間報告が必要なとき

- ☐ ミスしたとき
- ☐ 計画通りに進まなくなったとき
- ☐ 仕事や人の状況が変わったとき
- ☐ 自分では判断できないとき
- ☐ 仕事の結果について見通しがついたとき

ミスしたとき、
悪い情報は
スグに報告!!

主観でなく客観で伝える

誰もが否定できない事象なら誤解されない

☐ 実践したい　☐ 実践した

　上司から「あの件どうなってる？」と質問されたら、「あの件って何ですか？」と聞き返したくなります。同僚から「それ取ってくれる？」と頼まれたら、「それ」がわからなくてキョロキョロしそうです。

「これ、その、あちら、どれ」といった言葉を「**指示語**」や「**こそあど言葉**」と呼びます。これらを使うと、相手に正しく伝わらないことがあるため気をつけてください。

　仕事では情報を正確に伝えることが大切です。そのためには**主観ではなく客観で表現してください**。

　主観的な意見は、これまでの経験や知識、考え方をもとに価値判断を下しています。同じ事象であっても受け取り方は人によって違います。たとえば、「大きい／小さい」「高い／安い」「よい／悪い」「できるだけ早く」などの主観的な言葉は、誤解が生じやすいのです。

　一方、客観的な事実は誰もが否定できない事象そのものです。受け取り方はみな同じのため、コミュニケーションミスが起こりにくくなります。では、どうしたら客観的な事実を伝えることができるでしょうか。

　それは**数字を使うこと**です。たとえば、「朝早く」は「午前9時」、「今週いっぱい」は「〇月〇日（金）18時必着」というように数字を入れて伝えるようにしましょう[*]。

※ただし、「君はどう思う？」と意見を求められることがあります。その際は「私の意見ですが」「個人的には」と前置きするなどして、客観的な事実と区別して主観的な意見を伝えましょう。

できるだけ数字を使う

● 数字を使えばわかりやすくなる

	✗ 主観的な意見	**○ 客観的な事実**
ポイント	・自分の経験・知識・考えなどで判断している ・同じ事象でも受け取り方が人によって違う	・誰もが否定できない事象そのもの ・受け取り方はみな同じ
例	大きなノート	A4判のノート
	長い文章	1文80文字の文章
	安いパソコン	8万円のパソコン
	おおむね良好	達成率87%
	なるべく早く	○月 ○日（○）○時必着

6W 3Hで指示やお願いをする

情報を整理して伝えれば期待通りに仕事をしてくれる

☐ 実践したい　☐ 実践した

　家族に「卵を買ってきて」とおつかいを頼んだところ、うずら卵の水煮パックを買ってきました。あんかけ焼きそばや中華丼の上に乗っている小さなゆで卵です。でも、その日私は出し巻き卵を作りたかったのです。だから「なんで普通の卵じゃないわけ？」とプンプンしながら、別のおかずを作りました。

　あとで冷静になると、お願いの仕方がアバウトでした。仕事でも指示する側が「細かく言わなくてもわかるでしょ」と言葉を端折ると、**受け手の判断にゆだねることになり、期待通りに仕事があがってこない**ことがあります。

　そうなると、仕事をやり直してもらうことになり、指示した人の作業はストップ。自分が代わって引き受けたりと、いずれにしても計画が狂ってしまいます。

　仕事を頼むときは、6W 3Hを使いましょう。「誰が（Who）」「誰に（Whom）」「何を（What）」「いつ（When）」「どこで（Where）」「なぜ（Why）」「どのように（How）」「いくつ（How many）」「いくら（How much）」を伝えるのです。

　おつかいの場合は、「何を（What）＝鶏の生卵を」「なぜ（Why）＝出し巻き卵を作るため」「いくつ（How many）＝1パック12個入り」「いくら（How much）＝およそ250円」などと言えば、誤解を与えなかったはず。コミュニケーションミスは、片方に責任があるとは言い切れませんので注意しましょう。

ムダのない指示・お願いの基本6W3H

● 仕事を頼むときの6W3Hとは？

Who	誰が	人に関すること
Whom	誰に	
What	何を	内容に関すること
When	いつ	時間に関すること
Where	どこで	場所に関すること
Why	なぜ	理由や背景に関すること
How	どのように	手段や方法に関すること
How many	いくつ	数に関すること
How much	いくら	金額に関すること

件名：資料作成依頼

Aさんへ

B社へ提案するため
商品Cの資料作成をお願いします。
期日は○月○日（○）○時
pptで1枚にまとめてから
私、××宛にメールしてください

わかりやすい！

POINT

指示する前にもれている項目が
ないかチェックしましょう！

ツールでイメージをすり合わせる
言葉で伝えきれない部分を補える

☐ 実践したい　☐ 実践した

　仕事中は、指示を受けるだけでなく、こちらから指示を出したりお願いをしたりする場面もあります。

　相手から期待通りの仕事があがってくれば、指示を出したあなたは助かります。やり直しを指示したり、自分で手直ししたりせずに済むからです。予定していたスケジュールで次の工程に進むこともできるでしょう。

　そこで、わかりやすい指示の出し方を覚えましょう。まずは、遠慮しすぎないこと。たとえば、「できるところまででいいんだけど……」などと言うと、相手は「一体どこまでやればいいの？」と困惑してしまいます。よかれと思って言ったことが逆効果になってしまうのです。

　よって、「何を」「どこまで」やるのかをハッキリと伝えるほうが、相手は取りかかりやすいと心得てください。**仕事の指示を出すときは、ゴールを明確にすること**が大切です。

　とはいえ、言葉だけですべてを伝えるのはムリというもの。**ツールを上手に使いましょう**。イメージを共有するときは、紙やホワイトボードに書きながら説明します。相手にもどんどん書いてもらい、両者のイメージを近づけてください。

　オンライン会議やチャットでは、書類やデータの画像を共有しながら説明すると、相手の理解を促すことができます。Googleのスプレッドシートなどを使うと、リアルタイムで共同編集しながら、イメージをすり合わせることができます。

ツールを使ってイメージを共有しよう

● わかりやすい指示とは？

わかりにくい指示

✕ 口頭で説明する

✕ メール文章のみで指示する

✕「できるところまででいいよ」などと変な気配りをする

✕「あなたに任せるよ」と言ったのに後からダメ出しする

わかりやすい指示

○ 書類やデータなど実物を見せる

○ 情報を共有する

○ 紙やホワイトボードでイメージを描く

○ 相手のアイデアを可視化してもらう

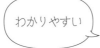

ツールを使おう

イメージ共有	オンライン会議	リアルタイムで情報共有する
紙やホワイトボードにお互いに書く	画像共有	Google スプレッドシートなど

約束したら証拠に残す
簡単な議事録でもコミュニケーションミスを防げる

□ 実践したい　□ 実践した

「言った」「言わない」の争いになるコミュニケーションミスは、両者の記憶があいまいだったり、見解が異なったりするときに起こります。**約束したら必ず証拠に残しましょう**。

あなたは人の話を聞くとき、忘れないようにメモやノートをとると思います。ただ、これは自分自身の備忘録なので、証拠にするには不十分です。口頭で説明したり口約束を交わしたりしたときは、大事なことをメールに書いて送ってください。何かあったとき、メールが証拠になるためです。

ただし、メールを送ればすべてOKとはいきません。相手へ確実にメールが届き、読んでもらい、内容に相違はないと確認をとる作業が必要です。必ず返信をもらってください。

また、**打ち合わせや会議をしたら、ササっと議事録を作って、参加者に読んでもらうと確実**です。議事録といっても難しく考えないでくださいね。メール本文に結論や要点を箇条書きするだけで十分です。

「参加者それぞれがノートをとればよい」と思うかもしれませんが、人によって解釈に違いがあったり、自分の字が読めなかったりすることもあるため、1つの議事録（メール）を共有し、みんなで同じものを参照するとよいでしょう。

メールや議事録を作るのが面倒くさいなら、**会話をスマホのボイスレコーダーで録音したり、オンライン会議なら録画したりする**方法もあります。[*]

※ただし、必ず参加者全員の了解をとること。盗聴・盗撮はいけません。

「言った」「言わない」を防ごう

問題を防ぐ3つのポイント

1 口頭での説明や
約束はメールで送る

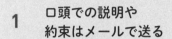

2 メールで
了解の返信をもらう

あなた　　相手

3 メールが
証拠になる

○○します。

● 議事録メールも有効

議事録メールのサンプル

件名：確認のお願い　○月○日（○）まで「営業部会議」

各位

本日の会議の議事録を送ります。
間違いなければ「了解」と返信お願いします。
1　決定事項
　　販促キャンペーンを行う
2　課題
　　キャンペーンの企画を考える（○月○日（○）まで）
3　次回開催予定
　　○月○日（○）14:00～15:00　第3会議室

変更や修正は「対比法」で伝える
受け取った相手は正誤の区別がつけやすくなる

☐ 実践したい　☐ 実践した

　約束した日時を変更したり、資料の修正や差し替えをお願いしたりするときは、「**対比法**」を使いましょう。

　対比法とは、何かを伝えるときに、別のものと比べる方法です。比較すると、両者の違いがハッキリ認識できるため、勘違いを防ぐことができます。

　ポイントは**ビフォアー（変更前）とアフター（変更後）の2つをセットにして伝える**ことです。「何を」「何に」変えるのかをハッキリさせると誤解を生みません。

　メールで添付ファイルを送った後、間違いに気づいてファイルを再送することがあります。ファイルを修正するとき、ファイル名を変えずに「上書き保存」したものを相手に送ると、受け取った相手は、正誤の区別がつけにくいものです。

　たとえば、ファイル名「チェックリスト」という書類を作り、メンバーに送ったとします。送ってから間違いを発見し内容を修正した場合は、「チェックリスト_2」のようにファイル名を変えるとよいでしょう。そして**「『チェックリスト』を『チェックリスト_2』に差し替えお願いします」と伝えれば、受け手は混乱しません**。

　以前、取引先にセミナーのテキストデータを納品した後、ミスに気づいて差し替えをお願いしました。ところが当日配布されていたのは間違ったほうでした。原因は、ファイル名を変えなかったことにあります。これでは受け手は違いがわからなくて当然。対比法を使い、違いをハッキリと伝えましょう。

変更・修正はビフォアー／アフターを明確にする

● 何を何に変更するのか2つを対比して伝える

Case 1

日程を変更するとき

変更前：1月13日（金）
↓
変更後：1月20日（金）

> 並べて書いて
> 読み間違いを防ぐ

Case 2

ファイルの差し替えを
お願いするとき

誤：ファイル名「○○」
↓
正：ファイル名「○○_2」

> ファイル名を
> 変えて送る

ファイル名を変えずに上書きすると誤ったほうを使われるかもしれない。

Case 3

担当者を交代するとき

202X年度の担当者：鈴木
↓
202Y年度の担当者：山田

> 誰が誰に代わるか
> を明確に

> **POINT**
> 違いをハッキリと
> 伝えましょう！

アイスブレイクで緊張をほぐす
いきなり本題に入ると仕事への姿勢が消極的になる

☐ 実践したい　☐ 実践した

「アイスブレイク」とは、緊張して氷（アイス）のように硬くなった状態を砕いて（ブレイク）、リラックスさせる技法です。

　初対面の人に会うときや、既知の人であっても会議や打ち合わせの前にアイスブレイクを取り入れると、場の雰囲気が変わり、話がしやすくなります。

　私が研修に登壇する日、始まる前の会場はシーンと静まり返っています。そこでアイスブレイクとして参加者同士の自己紹介タイムをとります。名前の他に「今日うれしかったこと、ラッキーだったこと」や「マイブーム」を話してもらうと、皆さん笑顔があふれ楽しそう。グループ討議も盛り上がります。

　講義中、参加者に疲れが見えてきたら、再びアイスブレイク。今度はクイズやゲームをします。すると活気が戻ります。

　アイスブレイクは職場でも取り入れることができます。チームのミーティングを始めるとき、「週末は何をしていましたか？」などと質問し、**雑談タイム**を設けます。いきなり本題に入ると静まり返って意見が出しづらく、人の話を聞く姿勢も消極的になりかねません。まずは場を温めてください。

　また、面接や面談・営業・商談・プレゼンなどに臨むときは、誰だって緊張します。でも過度に緊張して自分らしさが出せないと本領を発揮できず、もったいないですよね。そこで、アイスブレイクのための**緊張をほぐす小ネタやユーモア**を用意しておきましょう。

リラックスしてから本題に入ろう

● 初対面で自己紹介するシーン

日本で2番目に
多い名字の鈴木です。
佐藤さんに負けた
鈴木です！

へー!!
佐藤さんが
1番なんですね

本題に入る前にリラックスできる

● アイスブレイク用の小ネタを用意しよう

ユーモアを交えた
自己紹介

HAHAHA

ちょっとした雑学

ずっこけ失敗談

てへへ…

お得情報

POINT

いくつか小ネタを持っておくと
イザというとき役に立ちます！

会議は事前に進行表を作る

最長1時間以内におさまりムダを省ける

☐ 実践したい　☐ 実践した

　日本の企業の3大ムダは「会議」「資料作り」「メール」と言われています。中でも会議は長引きやすく、「もっと効率的にならないかなぁ」とモヤモヤしている人が多いのではないでしょうか。

　会議は計画ありき。**事前に進行表を作りましょう。**「何を（議題や議案）」「〇分で（時間）」「どこまで決めるのか（目標やゴール）」を可視化して、参加者全員に見せること。会議はなんとなく集まって、なんとなく始めてはいけません。

　進行表に時刻を入れると、話の脱線を防ぐことができます。ある職場では、新入社員がタイムキーパーを務め、持ち時間を超えて話す人にベルを鳴らしていました。勇気ある新入社員が、役員にも臆することなくベルで知らせるそうですよ。ご立派！

　会議には情報共有（報告や連絡）、アイデア出し、意思決定などの種類があります。右の図は意思決定が目的なので、種別の中の「審議」に時間をかけています。

　「連絡」や「報告」は伝達事項ですから、メールを送ったり朝礼で話したりすればよし。会議では重要なポイントだけ手短に伝えましょう。

　資料作りも3大ムダのひとつ。基本的には、**内容を紙1枚にまとめる「1枚主義」**を推奨します。資料は事前に参加者へ送り、目を通してもらったり、あらかじめ意見やアイデアを考えてもらったりすると、時間をムダにしません。

　最長1時間勝負、本気の会議を目指してください。

会議のムダをなくそう

● 会議を効率化するポイント

Point ①
会議の進行表を作る

Point ②
資料は1枚主義

テーマ 残業削減 　　日時：○月○日　15:00 〜 15:30

議案	種別	担当	時間	時刻	資料
理想の働き方とは	連絡	駒井部長	5分	15:00 〜 15:05	有
残業実態	報告	江川課長	5分	15:05 〜 15:10	有
時短研修に参加して	報告	岩崎	3分	15:10 〜 15:13	無
改善点の洗い出し	審議	桜田	7分	15:13 〜 15:20	有
改善策3つ決定	審議	堤	10分	15:20 〜 15:30	無

Point ③
資料は事前にメールで送り、
読んできてもらう

Point ④
宿題を出して、意見や
アイデアを考えてきてもらう

POINT
事前準備を万全にしましょう！

会議で敵を作らずに意見を言う

メンバーの気分を損なわず話が広がる

☐ 実践したい　☐ 実践した

　会議では、冷静に穏やかに話しましょう。相手を論破して戦いを挑むと感情的になり、本来の目的から逸れてしまうことがあります。**互いの意見を尊重し、ベストな結論を導くためには、建設的に意見を伝えることが大切です。**

　経営の神様と称された松下幸之助さんは、著書『道をひらく』で、会議は口角泡を飛ばすのではなく、談笑のうちにスムーズに進んでゆきたいものである、と説いています。

　おすすめするのは、**自分の意見を「YES AND法」で伝えること**です。YES AND法とは、まず相手の意見をYESで受け止めてから、ANDで意見を続ける話し方です。たとえば、「**なるほど（YES）。さらに（AND）○○にしたらいかがですか？**」と、相手の意見に便乗したり、自分の意見を付け加えたりします。

　ほかに「YES BUT法」もあります。相手の意見をYESで受け止めるところまでは一緒ですが、BUTで、「しかし」「でも」と逆接の接続詞を置いてから、反対意見を続ける話し方です。「なるほど（YES）。でも（BUT）、○○にしたほうがいいんじゃないですか？」となります。

　1つめのYES AND法は、BUTで否定しない分、自分の心理的負担が少ないので発言しやすい方法です。また、**相手やほかのメンバーの気分を損なわず、自分を主張しすぎないので、話が広がる**でしょう。YES AND法を使い、敵を作らずに意見を伝えてみてください。

やんわりと主張してみよう

● YES AND 法がおすすめ

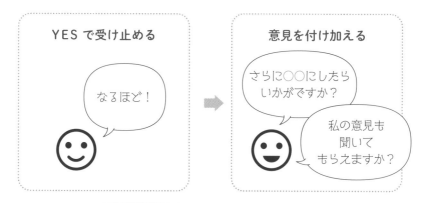

YES で受け止める

なるほど！

意見を付け加える

さらに〇〇にしたら
いかがですか？

私の意見も
聞いて
もらえますか？

どんな意見にも耳を傾けよう

● 真っ向から反論しない

反対します！
そんなのダメ！
何言ってんの？
私が正しい!!

意見しても
否定されちゃう。
怖いから
黙っていよう…

否定から入ると意見を言いづらくなる

POINT

いったん肯定してから意見を
言えば敵を作りません！

オンライン会議中は内職禁止
油断から思わぬ失敗をしてしまいがち

☐ 実践したい　☐ 実践した

　Zoomなどを使ったオンライン会議中は、「ついうっかり」というミスをしがちです。

　よくあるのは、**マイクをミュートにしたつもりが、オンになっていて話がダダ洩れになること**です。

　ある職場では会議が終わった後、主催者の2名がマイクをオンにしたまま、参加者の噂話をしました。聞かれては困る話だったらしく、ひたすら後悔したそうです。

　じつは、私もオンライン研修をしたとき、担当者とのおしゃべりが参加者全員に聞かれてしまった失敗があります。マイクがオフだったとしても、よけいなおしゃべりはしないのが賢明でした。

　また別の企業では、会議中に仲良しの2人組が、こっそりチャットでやりとりしていました。チャットは、ある特定の人だけに送れますが、誤って「全員」に送信する失敗をやらかしました。しかも、内容は発表者の悪口。悪口を書かれた人は傷つきながらも発表を続けたそうです。あとで社内で大きな問題となり、やっちゃった側の上司と当人が、やられた側の上司と被害者のところへ謝りに行ったとか。一件落着しましたが、後味の悪い出来事でした。

　このようにオンライン会議に慣れてくると、油断からミスをしがちです。**人の意見を聞き、自分の意見を言い、メモをとる**。オンライン会議でもやることがいっぱいありますね。よって内職やおしゃべりは禁止。会議に集中しましょう。

オンライン会議はうっかりミスに注意

● オンライン会議の注意点

マイク … マイクのオン／ミュートを確認する

マイクオン状態　　　　マイクミュート状態

うっかりミュートし忘れることもあるので、
よけいな話はしない

チャット … 送信先は全員か特定の人か確認する

宛先：　**全員　▼**

ここにメッセージを入力します …

全員に読まれる

宛先：　**mitasang　▼** （ダイレクトメッセージ）

ここにメッセージを入力します …

特定の人のみ
読める

宛先を間違えると意図しない人に読まれてしまう。
チャットではおしゃべりしない

名前をど忘れしたら名刺交換

ムリに思い出そうとしないほうがその場をやり過ごせる

□ 実践したい　□ 実践した

　相手は自分のことをしっかり覚えているのに、こちらは「えっ、初対面じゃないの？　この人といつ、どこで会ったかなぁ。名前はなんて言ったっけ？」と思い出せないときがあります。そんな相手の名前をとっさに忘れたときの対処法です。

　ピンチを切り抜けるには、**「久しぶりなので」と言って、自分から名刺を差し出し、再度名刺交換するのがよい**でしょう。

　名刺交換ができなければ、**会話中は相手の言葉をくり返す戦法**もあります。「いや〜久しぶりですね」と言われたら「本当に久しぶりですね」とくり返す。「お元気でしたか？」と言われたら、「おかげさまで」と答えてから、「お元気でしたか？」と聞き返す。「その節はありがとうございました」と言われたら、「こちらこそありがとうございました」とくり返す。くり返すだけでも会話は成り立ち、その場をやり過ごせます。

　会話の途中で思い出すこともあるので、それを待つのも手です。あせりは禁物。下手なことを言い出せば、ロクなことになりません。名前を間違えると、失礼な人だと思われてしまうので、**日頃から役職や属性で呼ぶ方法**もあります。たとえば、「社長」「部長」「課長」「先輩」「お客様」「先生」というように呼び、名前は入れません。

　仕事で関わる人は増えていく一方なので、失礼のない対応方法や逃げ道を知っておくと安心です。

名前を忘れたときの対処法

Tips 1 名刺交換

Tips 2 オウム返し

Tips 3 名前を呼ばない

よけいな一言で信用を失わない

悪口を言わずに信頼されれば自分も会社も成長できる

☐ 実践したい ☐ 実践した

口は禍いの元。自分の言葉に責任を持ちましょう。

リップサービスのつもりで、「ここだけの話なんですけど……」「○○様だけにナイショでお伝えしますが……」などとヒソヒソ声で話すと、喜ばれると思いきや、「この人は口が軽い」と思われて、信用を失いかねません。

また、仕事をする上では守秘義務があります。他のお客様の個人情報や社内の機密情報は、絶対にもらしてはいけません。

同業他社をけなすこともやめましょう。「契約を取りたい」「売り上げを増やしたい」という気持ちが先走り、同業他社の商品やサービスを悪く言うのは品格ある行動とはいえません。

一方で、お客様があなたの会社の同業他社について悪く言うときがあります。そのときは、**ただ聞くにとどめ、相手に乗っかってあれこれ話さないこと**です。新規のお客様で「前回はA社に頼んだけれど不満があって、オタクに乗り換えるつもり」と話す人がいたら、そのA社には触れず、今回の要望をたずねて提案するときの材料とします。

まるでオセロゲームの石を増やすように、「仕事を取った」「取られた」と考えていては自分も組織も大きくなれません。**「信頼される人は口が堅い人」「悪口を言わない人」**と心得て、お口にチャックをしましょう。

同業他社のよさを認め、切磋琢磨しながら成長する。そんな余裕のある人になりましょう。

口は禍いのもと

● もしあなたが悪口に乗ると…

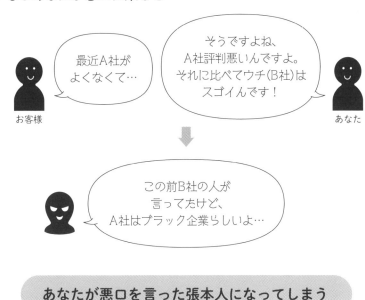

最近A社が
よくなくて…

お客様

そうですよね、
A社評判悪いんですよ。
それに比べてウチ(B社)は
スゴイんです！

あなた

この前B社の人が
言ってたけど、
A社はブラック企業らしいよ…

あなたが悪口を言った張本人になってしまう

気をつけるポイント

☐ 同業他社の悪口を言わない
☐ 悪口に乗っからない

● 口が堅い人は信頼される

私は口が堅い
言っていいこと／
悪いことを区別しています

だから
信頼されています！！

47 甘え上手になる
チーム全体の仕事が段取りよく早く終わる

☐ 実践したい　☐ 実践した

　責任感が強くて、人柄はとてもいいのですが、ちょっと気の弱いところがあって言いたいことが言えない。相手を気づかうあまり仕事を頼めず、自分1人でやってしまう……。当てはまるあなたは、"抱え込み症候群"かもしれません。

　これからはチーム全体の仕事がはかどるよう、甘え上手になってください。たとえば、期限が決まっている大量の単純作業や、力のいるイベントの設営作業などは、1人より、みんなでやる方が段取りよく早く進みます。素直に周りの人に手伝いをお願いしてください。

　ただし、周りの人にも都合があるため、前もって手伝ってほしい仕事や日時、ボリュームなどを伝えておきます。快諾してもらえたら、簡単な手順書を作って作業の流れやスケジュールを説明すると、その業務をやったことがない人でも理解しやすくなるでしょう。**相手にできるだけ負担をかけないこと**が大切です。

　また、甘え上手になると、職場の属人化を防げます。自分以外の人がその業務の内容を知っておくと、あなたが不在や休暇のとき、代わりに対応してもらえるからです。また、ダブルチェックやトリプルチェックをお願いしやすくなるメリットもあります。

　甘え上手になるためには、ふだんの人間関係がものをいいます。以前にあなたが誰かの仕事を手伝ってあげたことがあれば、その人にはあなたもお願いしやすいでしょうし、その人も快く手伝ってくれるはずです。

仕事がはかどる甘え方

● こんなときは周りに頼る

期限が決まっている
大量の単純作業

1人でやろうとして
全体の仕事を
遅らせることもある

人手がいる力作業

頼むときのポイント

前もって伝える

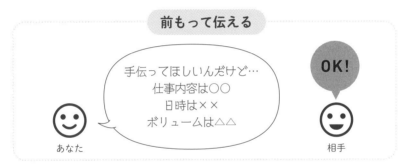

手伝ってほしいんだけど…
仕事内容は○○
日時は××
ボリュームは△△

あなた

OK!

相手

手順書を渡す

よろしく！

あなた

手順書

1　○○する
2　△△する
3　××する
●●個
○月○日（○）まで

なるほど！
了解！

相手

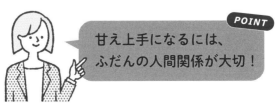

POINT

甘え上手になるには、
ふだんの人間関係が大切！

Chapter 3
のおさらい

□ 上司には積極的に質問してイメージを理解してから
　仕事にとりかかりましょう。

□ 相手に伝えるときは、数字を使うなど、
　主観ではなく客観で表現しましょう。

□ 仕事を頼むときは、
　6W3Hで伝えましょう。

□ 打ち合わせや会議をしたら、ササっと議事録を
　作って、参加者に読んでもらいましょう。

□ 会議や打ち合わせの前にアイスブレイクを
　取り入れると、話がしやすくなります。

□ 会議の前に進行表を作ると、
　ムダな時間を費やさずに済みます。

手戻りをなくす

書類・メールの
書き方

書類やメールの作成は、
内容もさることながら、「どのように作るか」
という方法も極めて重要です。
Chapter4 でケアレスミスを防ぐための
さまざまな工夫を紹介していきます。

48 ファイル名に数字を入れる

思い通りの順に並ぶので目当てのファイルが見つけやすい

☐ 実践したい ☐ 実践した

　パソコンでファイルに「名前を付けて保存」するときは、**何かしら数字を入れる**とよいでしょう。日付などをファイル名の最初に付けると時系列に並べられるので、**最新版がひと目でわかったり、フォルダーの整理・整頓がうまくいったりします**。

　私が研修やセミナーのテキストを作るときは、ファイル名を「開催日_テーマ（または先方の組織名）_用途」に決めています。

　たとえば、2023年7月8日に登壇予定のセミナーのテキストは「20230708_ミス防止_テキスト」とか「20230708_A社_テキスト」というように、開催日を入れています。なぜ開催日かというと、あとで検索しやすいからです。仕事によっては、書類作成日でもよいでしょう。

　日付でなく連番を振るだけでも十分に効果があります。たとえばメールやチャットで文書やデータを送り合いながら作っていく書類があります。もし「企画書」という名のファイルを受け取り、手を加えて戻すなら、「企画書_2」、次は「企画書_3」というように連番を振ると、お互いに最新版を見分けられます。

　フォルダーの中にファイルが複数あれば、**先頭に番号を振る**のがおすすめです。「1_○○」「2_○○」などとすると思い通りの順に並ぶので、バラバラな印象にならず、目当てのファイルが見つけやすくなります。

　複数のファイルを圧縮して送るときも、開いてほしい順序があるなら、やはり先頭に番号を振ってから届けるとよいでしょう。

ファイル名のルールを決める

Before 思いつきの言葉、番号・日付なしで管理

企画書修正

企画書更新

再送企画書

最終企画書

企画書確定

修正・更新・再送…

どれが最新版か
わからない！

After 日付を入れて管理、先頭に連番を振る

日付を入れて管理

20230708
_企画書

20230709
_企画書

20230715
_企画書

20230720
_企画書

**最新版が
ひと目でわかる**

先頭に連番を振る

1_20230708
_企画書

2_20230708
_プレゼン資料

3_20230708
_スケジュール

4_20230708
_役割分担

**複数のファイルが
あっても開く順序が
わかりやすい**

書類を作る日とチェックする日は別にする

視点が切り替わるのでミスを見つけやすくなる

☐ 実践したい　☐ 実践した

　書類の作り手が、できたてホヤホヤの書類を自分でチェックすると、ミスを見落としやすいものです。

　完成させた直後は達成感があり、気持ちが多少なりとも高ぶっています。また、「正しい」「完璧」という思い込みが邪魔をして、セルフチェックをしても形骸化する恐れがあります。

　では、どうしたらよいでしょうか。

　セルフチェック力を高める方法は、いとも簡単。**書類を作る日とチェックする日を別にすればいい**のです。

　書類を完成させたら、すぐにチェックしないこと。そのまま放置して、別の仕事をしてください。

　いざチェックするのは、翌日になってから。その仕事からいったん離れ、時間をおいてから見直すと、冷静に、客観的な視点で書類に目を通せるからです。

　作り手の視点からチェッカーの視点に切り替わるため、ミスを見つけやすくなるのです。

　となると、スケジュールに余裕をもたせる必要がありますね。「締め切りに間に合わせればよい」とのんびり構えてはいけません。ギリギリセーフで書類を作り、直後に見直すとミスを見落とす可能性が高いので、**ひと晩寝かせることを想定し、締め切りよりも前倒しに仕上げてください。**

　作成日とチェックする日を別にする作戦、さっそくお試しください。

翌日に見直してセルフチェックの精度アップ

● 書類作成日は作り手の目線になっている

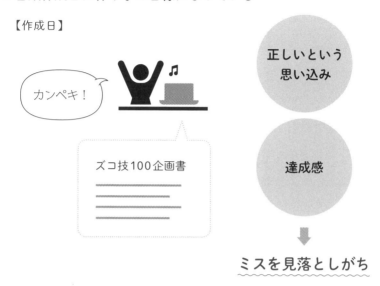

【作成日】

カンペキ！

ズコ技100企画書

正しいという
思い込み

達成感

ミスを見落としがち

● ひと晩置いてチェッカーの目線で見直す

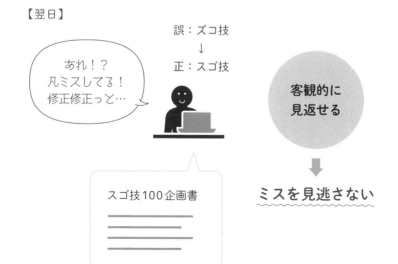

【翌日】

あれ！？
凡ミスしてる！
修正修正っと…

誤：ズコ技
↓
正：スゴ技

スゴ技100企画書

客観的に
見返せる

ミスを見逃さない

「置換」で修正モレをなくす

アプリケーションの便利な機能を使えばミスがなくなる

☐ 実践したい　☐ 実践した

　一度作った書類は、部分的に書き換えて再利用することもあるでしょうが、1ヶ所でも修正し忘れたら、使い回しだとバレてしまいます。それに、ほかの人宛てに書いた内容が残っていたら、情報漏えいにもつながってしまいます。したがって、相手の社名や名前などの情報は、すべて正しく書き換えたかどうか入念にチェックしなければなりません。

　そのようなときに便利なのが、**「置換」機能**です。この機能は、Microsoft Office のアプリケーション（Outlook・Word・Excel・PowerPoint）などにあります。

　Windowsの場合はCtrlキーを押しながらHキーを押してください。そして「何を」「何に」変えたいのかを対比して入力します。「検索する文字列」欄には修正前、「置換後の文字列」欄には修正後の言葉や記号・数字を入れます。

　1つずつ修正したいときは「置換」、複数箇所を一気に直したいときは「すべて置換」を選びます。

　なお、「置換」には2つあり、文字列のほかに「フォントの置換」もあります。いろいろなフォントを使っていて、統一したいときに利用すると便利です。

　企画書や提案書など複数ページにまたがる文書は、1つひとつ目検でチェックしたり、修正したりするのは手間がかかるうえ、見落としやすいもの。便利な機能を使い、ノーミスになるよう便利なアプリ機能に手伝ってもらいましょう。

書類を一気に修正する方法

● 1つひとつ修正するのは大変

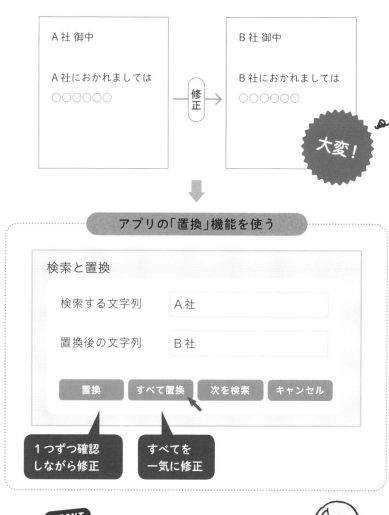

A社 御中

A社におかれましては
○○○○○○

修正 →

B社 御中

B社におかれましては
○○○○○○

大変!

アプリの「置換」機能を使う

検索と置換

検索する文字列　　A社

置換後の文字列　　B社

置換　　すべて置換　　次を検索　　キャンセル

1つずつ確認
しながら修正

すべてを
一気に修正

POINT
修正ミスを防ぎ時短にもなります!

131

ビジネス文書は自動で校正
アプリの機能を使えばセルフチェック力が高まる

□ 実践したい　□ 実践した

　Microsoft Office のアプリケーションには、自動的に誤入力など
の箇所を検知するしくみがあります。これは、**入力ミスの可能性が
あるところは赤色の波線、文章の書き方に問題がありそうなところ
は青色の下線**が引かれる、というものです。

　ビジネス文書を Word で作るときを例にします。たとえば、「や
り方をを説明します」というように、「を」を 2 回間違えて入力し
たとします。すると、該当箇所に赤線が引かれます。

　下線部で右クリックすると、画面上に「文章校正」のボックスが
現れ、「誤りのチェック」欄に「入力ミス？」と原因が書かれていて、
修正候補が出てきます。

　修正候補は「やり方を説明」なので、「その通り。これが正しい」
と選ぶと、自動的に元の文章を修正してもらえる、そんな便利なし
くみです。修正の必要がなければ、「無視」を選択します。

　あなたの作った文書に明らかな誤入力があるのに下線が引かれな
ければ、設定がオフになっているかもしれませんので確認してくだ
さい。

　Word の場合は、「ファイル」→「オプション」→「文章校正」
→「Word のスペルチェックと文章校正」を見て、「スペルチェッ
クと文章校正を同時に行う」にチェックが入っていれば OK です。
設定がよくわからなければ、手動で「スペルチェックと文章校正」
を選んでください。

　便利な機能を使ってセルフチェック力を高めましょう。

間違いはアプリに教えてもらう

● 本人は間違いに気づきにくい

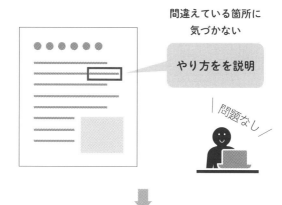

間違えている箇所に
気づかない

やり方をを説明

問題なし

アプリの「校正」機能をオン

ABC
☑
スペルチェックと
文章校正

間違えている箇所が
ひと目でわかる

やり方をを説明

あれ？

POINT

誤字・脱字のある書類を
提出してしまうミスを防げます！

「音声読み上げ」機能を使う
音声で聞くと間違いに気づきやすくなる

☐ 実践したい　☐ 実践した

　自分で作った書類を自分でチェックすると、「正しいはず」という思い込みが邪魔をします。

　じつは、本作りも同じです。著者と編集者が2人で何度チェックしても、作り手同士ですからミスに気づきにくい。そこで出版社は、専門の校正・校閲者に頼み、表記や内容に誤りがないか確認してもらいます。数千部刷ってからではやり直しがききませんから。

　とはいえ、他力本願ではミスはなくせません。どれだけ自分でセルフチェックできるかが勝負です。**そのとき強い味方となってくれるのが、「音声読み上げ」機能**です。

「音声読み上げ」機能とは、テキストを自動音声で読み上げるコンピューター機能でMicrosoft Officeのアプリケーション（Outlook・Word・Excel・PowerPoint）などに備わっています。パソコンとスマホいずれも可能です。読む速度を自由に変えられますし、好みの声を選べます。

　昨日は「Ayumi」さんに読んでもらったから、今日は「Ichiro」さんに読んでもらおうといった楽しみもありますよ。

　パソコンで文章を書くときは、主に目と手を使って入力します（音声入力する人もいるでしょう）。読み返すとき、視覚で文字を追うよりも、**聴覚を使って他人の声で通して聞くと、客観的になれるため、誤入力や表現のおかしな点に気づきやすい**と思います。

　ただ、コンピューターゆえ、ときどき妙な漢字の読み方をしますが、そこはご愛嬌ということで。

アプリに書類を読んでもらう

● あなたが書類でミスしてしまう理由

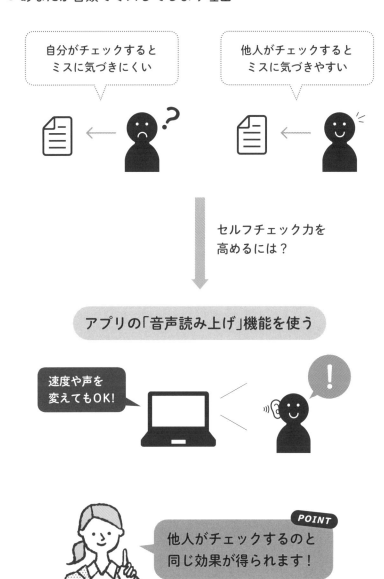

自分がチェックすると
ミスに気づきにくい

他人がチェックすると
ミスに気づきやすい

セルフチェック力を
高めるには？

アプリの「音声読み上げ」機能を使う

速度や声を
変えてもOK!

POINT

他人がチェックするのと
同じ効果が得られます！

印刷してチェックする

大事な書類は印刷してから見直すとミスを見つけやすい

□ 実践したい　□ 実践した

　ペーパレス化が進んでいますが、**大事な書類は翌日以降に印刷してから見直すと、ミスを見つけやすくなります**。パソコンの画面上だと一部分しか見られないため、ミスを見落としやすいのです。紙に印刷し、全体像を把握してから細部をチェックする方法をおすすめします。

　とくに社外文書を出すときは、**宛名の社名**や**役職**、**氏名**に誤りがないかどうか確認が必要です。また、見積書や請求書など**金額**を誤ったまま先方に送ると修正がききません。社員同士なら「ごめんなさい」で許されますが、お客様や取引先に対してミスをしたら、責任が重くのしかかります。よって、印刷した書類を、赤ペンをもってチェックするとよいでしょう。

　印刷するときは、ミスプリントを減らしたいもの。急いでいるとすぐに印刷したくなりますが、ここは落ち着いて**印刷プレビューで確認**しましょう。

　パソコンで作った書類を印刷するとき、縦横方向の設定が違っていたり、以前の倍率が設定されたりしたまま印刷し、紙をムダにすることがあります。

　まずは、紙1枚に収まるかを確かめ、収まらなければ内容を修正したり、印刷範囲を設定しなおしたりしてください。再度プレビューを経てから印刷するとよいでしょう。

　どうしても画面だけでチェックする場合は、拡大して細かな部分まで入念に確認してください。

大事な書類は印刷してチェック

◉ パソコンの画面ではミスを見落としやすい

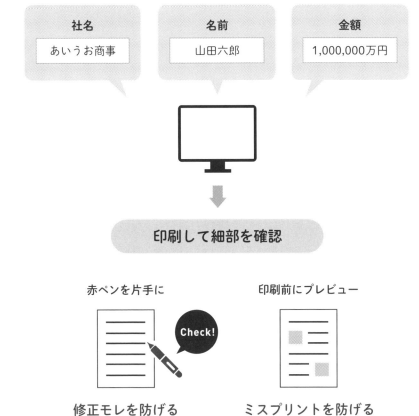

社名	名前	金額
あいうお商事	山田六郎	1,000,000万円

印刷して細部を確認

赤ペンを片手に

Check!

修正モレを防げる

印刷前にプレビュー

ミスプリントを防げる

POINT

全体を見てから細部を確認すると
ミスを見つけやすくなります!

54 アプリケーションを疑う
アプリは便利な一方で失敗のリスクもはらんでいる

☐ 実践したい　☐ 実践した

アプリケーションは、計算などを自動的にしてくれる優れもの。**だからといって信用しすぎてはいけません**。ミスがないかどうか入念に見直してください。

たとえば、ExcelのSUM関数で範囲を決めて足し算したつもりが、**セルの一部だけもれていた**というミスがあります。印刷しても数式は表示されないため、間違いに気づきにくいと思います。

ある経理担当者が失敗談を話してくれました。彼女は、役員会議で配る「売上報告書」をExcelで作ったそうです。しかし、**表示すべき列を非表示設定**にし、その代わりに不要な列を表示したまま印刷してしまいました。

ある役員が「数字がおかしいのでは？」と気づき、資料は回収。ミスした担当者は「Excelに頼りすぎたのが原因です」と反省の弁を吐露していました。そして「今後は頭を使います」とも。なるほど、昨年の資料と見比べたり、電卓をたたいて検算をしたりしたら、おかしな数字だと気づいたことでしょう。**決してアナログのチェックをあなどってはいけません**ね。

また、以前作ったシートをコピーして、新しいシートを作るときは、**不要になったシートを消し忘れないようにしてください**。そのまま残っていると丸見えです。

アプリケーションは便利な一方、リスクもはらんでいるので、両刃の剣と心得えましょう。

書類作成でやりがちなミスを知る

合計額が違う
→ 正しい数値で
再計算
正　14,300

発行日がズレている
→ 自動更新に
頼りすぎない

数式が一部外れている
→ 電卓で確認
正　6,000

2023/07/24

御見積書

A 社　御中

御見積額　　¥7,560

下記の通り御見積いたします。

株式会社スゴ技
〒 000-0000
東京都港区 0-0-0
スゴ技ビル 37F
TEL:000-000-0000

請求内容	数量	単価	金額
1　商品 A	2	1,000	2,000
2　商品 B	3	2,000	2,000
3　商品 C	1	5,000	5,000
		小計	7,000
		消費税	560
		税込小計	7,560
		合計額	7,560

小計額がズレている
→ SUM関数の範囲
を間違えている

**A社のシートを
B社に流用する際、
A社用の単価のまま
送ってしまう**
→ 会社ごとの単価をチェック

A社とずいぶん
単価が違うね！

**消費税率を
間違えている**
→ 10%なのに
8%のまま
使っていることも

55 1メールで1用件にする

メーラーの件名を一覧表示して管理しやすくなる

□ 実践したい　□ 実践した

　メールで正確なやりとりをするには、**1メールで1用件を伝える****ことを原則にしてください**。これはビジネス文書全般に言えることです。

　つまり、1つの文書に1つの標題（タイトル）がつき、その内容が本文として記載されます。

　メールの場合は、受け取ったり送ったりしたメールは、メーラー上で件名を一覧表示して管理します。このときに件名と内容が一致していなかったり、1通のメールにあれもこれもと複数の内容がてんこ盛りにされていたりすると厄介です。

　1通のメールに複数の内容があり、処理が終わったことと、これから処理が必要なものとが混じっていたら、区別がつけにくいでしょう。大事な内容を見落としたり、うっかり返信し忘れたりするかもしれません。

　また、過去に送られてきたメールを検索するときにも支障をきたします。つまり、なにかと管理しにくいのです。

　1メール1用件でまとめられていれば、**お互いに履歴を付けて返****信をくり返すことで、これまでのやりとりの記録をきれいに残すこ****とができます**。

　もちろん、挨拶やお礼の言葉、近況報告などを書き添える程度のことは問題ありません。

　本題に関連して、どうしても書き添えておきたいことがあったら、本文の最後に「追記」として書き加える方法もあります。

メールの送り方ひとつで仕事が管理しやすくなる

 ミスが起きやすいメール

件名：あれもこれも

A案件について報告します
_____
_____

あと、B案件について質問します
_____
_____

ついでに、C案件について提案します
_____
_____

進捗を管理しにくいし、
大切な用件を
見落としそうだな

1通のメールにあれもこれも書いてしまう

 ミスが起きにくいメール

件名：【報告】A案件	件名：【質問】B案件	件名：【提案】C案件
A案件について 報告します	B案件について 質問します	C案件について 提案します

1通のメールに書くのは1用件だけ

履歴付きで返信すれば、
今進んでいる案件を
管理しやすい！

141

メールの誤字脱字をなくす

アプリにミスのないメール作成を手伝ってもらう

☐ 実践したい　☐ 実践した

Microsoft Outlookのメーラーなどには、**自動的にミスを見つけ
てくれるしくみ**があるのをご存じですか？

ここでは、一例としてOutlookのやり方を2つお伝えします。

1つめは、メールを書き終えたら、**手動で送信前にチェックする
方法**です。「校閲」→「スペルチェックと文章校正」の順にクリッ
クします（図1）。試しにメール本文に「いつもお世話になってお
りまっす」と入力してエンターを押したところ、誤字に赤線が引か
れます。右クリック、または「F7」キーを押すと手動で校正のボ
ックスが出てきます。候補にある正しい文を選んで「修正」をクリ
ックすれば完了です。

2つめは、**あらかじめ設定しておく方法**です。「ファイル」→「オ
プション」→「メール」→「スペル チェックとオートコレクト」を
クリックします。

次に「メール」→「メッセージの作成」欄にある「送信前にスペ
ルチェックを実行する」にチェックを入れます（図2-1）。そのう
えで「スペルチェックとオートコレクト」をクリックしましょう。
すると「Outlookのスペルチェック」という見出しがあるので、次
の3つにチェックを入れます。「入力時にスペルチェックを行う」「自
動文章校正」「文章校正とスペルチェックを一緒に行う」です（図
2-2)。チェックを入れたら「OK」をクリック。再度「OK」をク
リックすれば設定が完了します。ただし、すべてのミスを検知する
わけではありませんので注意してください。

メール送信のうっかりを防ぐ

Case 1 　手動でチェックする方法

（図1）

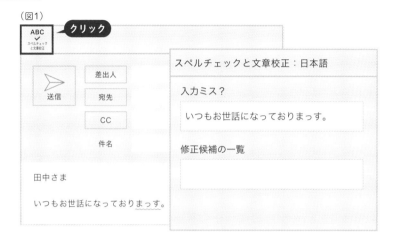

Case 2 　自動設定でチェックする方法

（図2-1）

（図2-2）

テンプレートに秘密のメッセージを入れる
自分に注意を促す一文を入れるとミスを防げる

□ 実践したい □ 実践した

　私は、書類をメールで届けることが日常茶飯事です。研修やセミナーのテキストを主催者に納品したり、原稿を出版社に送ったり。そのため、メールのテンプレートを作っています。

　ただ、肝心の書類の添付がもれていたら話になりません。

　そこで思いついたのが、テンプレートのはじめに「ちゃんと添付しましたか？」の一文を入れることでした。

　実際、この一文に何度助けられたことでしょう。「おっと危ない」と気づいて添付したのでミスにはならず、ヒヤリ・ハットで済みました。

　あなたも、同じような内容のメールを定期的に送るなら、**テンプレートを作っておく**と、一から文章を書く手間が減らせます。

　さらに添付ファイルを届けるのが目的なら、**本文のはじめに「ちゃんと添付しましたか？」と自分にファイル添付の注意を促す一文**も入れましょう。

　注意書きのメッセージは自在にアレンジしてください。「様」の敬称を忘れやすい人は、「様を付けましたか？」とか、間違ったファイルを選びやすい人は、「ファイルを開いて、間違っていないかどうか確かめましたか？」と書くのはいかがですか？

　言わずもがなですが、自分へのメッセージは消してから相手へ送ってくださいね。

メールの「おっと危ない」に気づく方法

● メールの作成では「うっかりミス」をしてしまいがち

ファイルの添付モレ　　宛名に「様」を付け忘れ　　文章の誤字・脱字

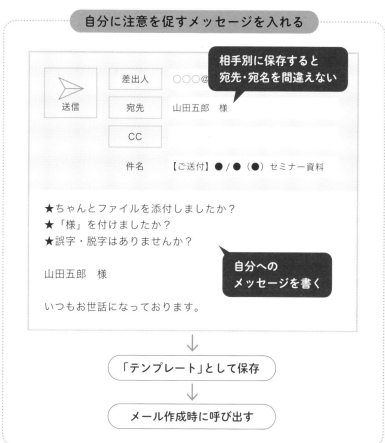

自分に注意を促すメッセージを入れる

差出人	○○○@
宛先	山田五郎　様
CC	
件名	【ご送付】●/●（●）セミナー資料

相手別に保存すると
宛先・宛名を間違えない

★ちゃんとファイルを添付しましたか？
★「様」を付けましたか？
★誤字・脱字はありませんか？

山田五郎　　様

いつもお世話になっております。

自分への
メッセージを書く

↓
「テンプレート」として保存
↓
メール作成時に呼び出す

宛名は単語登録する
人の名前や社名を速く正しく書ける

　人の名前や勤務先は、正しく書きましょう。ここを間違えると、のっけから印象が悪くなってしまいます。

　対策は、単語登録の機能を使うことです。

　たとえば、よくやりとりするキクチさんという人がいるとします。「＠きく」と入力したら、「菊池翔平様」「寿商会株式会社　菊池様」などと表示されるようにしておくと、キクチさんのチの字が「地」なのか「池」なのかも迷わずに済みます。

　また、社名に「株式会社」が前後どちらにつくかも忘れやすいため、単語登録をしておきましょう。そうすると、いただいた名刺を探したり、前回やりとりしたメールを探したりしなくても、瞬時に正しい社名が書けます。

　単語登録を使いこなすためには、マイルールを決めてください。いざ使いたいときに思い出しやすくするためです。**「＠きく」のように、記号と名前の一部を組み合わせるのがおすすめです。**

　なぜ「＠」などの記号を入れるかと言えば、文字だけだと、アプリによっては"よけいなお世話変換"が働くためです。

　以前、取引先の町田さんによくメールを送ったので、「まち」と打てば「○○社　町田様　CC：奥本様」とアシスタントの方の名前も出るように登録しました。でも、「お待ちしています」や「間違い」など、「まち」を入力するたびに2人の名前が表示されてしまい、いちいち削除するはめに。かえって面倒なことになったので、先頭に＠マークを入れています。

単語登録で時短＆ミス防止

● 人の名前や社名は間違えやすい

記憶で手入力すると
ミスしがち

どっちが
正しい？

菊地　菊池

斉藤　斎藤

渡辺　渡部

「株式会社」
前と後ろどっち？

株式会社あい商会

あい商会株式会社

名前を間違うと
最初から信頼度
ダウン

間違えやすい漢字を単語登録

単語の登録

単語

寿商会株式会社　菊池翔平様

よみ

@きく

ユーザーコメント

品詞

○名詞
○人名
○地名

POINT

@を入れると
意図しない変換を
防げます

添付はメール作成の"はじめ"に行う

本文を書いているうちにファイルのことを忘れてしまう

☐ 実践したい ☐ 実践した

　メールのファイルの添付モレは、うっかりミスの代表格。1回はやっちゃったとしても、くり返したくありません。

　そこで防止策を紹介します。

　添付するものがあるときは、いの一番に付けてください。「添付しよう」と頭ではわかっていても、本文を書き始めると、時間がたつとファイルのことを忘れやすくなるためです。本文の誤字脱字は見直しても、ファイルの有無は確認しないまま送信しやすいのです。

　よって、ファイルを添付してからアドレスや本文の入力欄に移りましょう。

　もうひとつ、**メール作成の計画を立てる**方法もあります。

　まず、作戦メモを作ります。書くべき内容を箇条書きしたり、思いついた単語を並べていったりしてください。メール作成画面に直接入力しても、紙のメモに書いてもいいでしょう。

　そのメモを見ながらメールの文章を仕上げます。

　そうすると、「ファイルを添付し忘れる」「ファイルにパスワードを付け忘れる」「パスワードを別送するメールを失念する」といったうっかりミスを防げます。また、伝えたいことの一部を書きもらす心配もなくなります。

　メールの作成には意外と時間がかかるもの。なるべく短い時間で正しいメールを送りましょう。

メールのうっかりミスをなくす方法

メール送信後の
「しまった！」
がなくなる

ファイルは先に添付する

本文を先に書くと
忘れがち

メール作成画面に作戦メモを書く

件名：〇〇〇〇〇

・見積書添付
・先日のお礼
・質問（訪問日時）
・パスワード別送

やること・書くことを
箇条書きする

紙のメモでも
OK!

POINT

この2つを心がけるとメール作成が
早く正確になりますよ！

添付するファイルを正しく選ぶ
ファイルを間違えて送信すると大問題になることも

□ 実践したい　□ 実践した

ファイルを添付して、メールを送信。ところが、添付すべきファイルを取り違えてしまった、というミスがあります。

ある企業では、A社宛てに書類をメールで送ったら、誤ってB社用の書類を添付してしまったという手痛いミスを。ケアレスミスとはいえ情報が漏えいしたため、社内で重大な問題となりました。

そんな添付間違いを防ぐために、4つの方法を提案します。

1つめは**ファイル名を具体的に、わかりやすく付ける**こと。相手の社名などを入れるのも手です。

2つめは、ファイルを選択する画面で、**ファイル名が全部表示されるようにする**こと。似たファイル名が並んでいて、一部が見えないと、間違ったものを選びやすくなるので注意してください。

3つめは、**メールを送信する前のチェック**です。添付したファイルを自分で開いて、都度確認してください。ファイル名と中身が合っていないことがあるため注意が必要です。

4つめは片づけです。**必要なファイルのみ残して、不要なものは削除**しましょう。

以前、書類をスキャンしてPDFで送ったところ、取引先から「真っ白なので再送してください」と指摘されました。プリンターで原稿を読み込む際、裏返しにしたのが原因です。さらにファイルを開く手間を省いて確認をしなかったのもいけませんでした。添付ファイルの扱いにはとくに気をつけましょう。

添付ファイルを正しく選ぶポイント

Point 1
ファイル名を適切に

✕ 見積書

○ 明日香出版社_見積書
_2023年8月

> 重要な情報を
> 前の方につける

> 目的のファイルを
> 見つけやすい

Point 2
**ファイル名を
しっかり表示**

名前	更新日時	種類
📁 絶対にミスを		
📁 仕事でミスを		
📁 仕事のできる		
📁 ミスを防ぐた		

> 枠を広げる

> 似た名前のファイルを
> 取り違えない

Point 3
添付したあとに開く

> ファイル名と中身が
> 異なるミスを防げる

Point 4
不要なファイルは削除

> よけいなファイルを
> 添付しなくなる

宛名を自動表示させて誤送信をなくす
アプリの機能を使えば誤入力を防げる

☐ 実践したい　☐ 実践した

　メールの誤送信は情報漏えいにつながるため、十分に留意してなくしたいミスです。

　まず、誤送信をなくすためには、受信したメールに「返信」して作成すると安全です。宛先を間違えることはありません。

　宛名を自分で入力する場合は、オートコンプリート機能が便利です。この機能は、Microsoft OutlookやGmailなどで、名前やメールアドレスの数文字を入力すると、連絡先や履歴から候補のアドレスが自動的に表示されるしくみです。

　たとえば佐藤さんにメールを送るときは、「佐」や「s」を入力すると、候補のアドレスがいくつか出てくるので、その中から選ぶだけ。お手軽でスピーディです。

　ただ、候補には相手が設定した表示名が並びます。相手がアドレスを設定していると、英数字の文字列が表示されるので、瞬時に正しく選ぶのは難儀です。

　名字が「sato」だから「多分このアドレスだろう」と思い込み、選んでしまうと、じつはまったく別人の佐藤さんだった……というミスが起こりやすいのです。そこで、**表示名を変えてアドレス帳に登録する**ことをおすすめします。

　登録は、日本語で「氏名　会社名（社外とやりとりしない場合は部署名）」にしてみてください。「佐藤次郎様（ラッキー物産）」などと登録すれば、「どこ」の「誰」かが鮮明になるので、誤送信をなくせます。

オートコンプリート機能で誤送信を防止

● メールの誤送信は大きな問題につながる

仕事の遅延　　情報漏えい　　信頼の低下

● アドレスだけで選ぶとミスしやすい

送信

差出人	○○○@○○○ .com
宛先	satake-taro@xxxxx.co.jp
CC	sato-jiro@xxxxx.ne.jp
件名	suzuki-ichiro@xxxxxx.com
	suzumiya-ryoko@xxxxxx.biz

英数字の羅列は
読みにくい

●「氏名＋会社名」を登録してミスを防止

佐竹太郎様（ABCD スポーツ店）
佐藤次郎様（ラッキー物産）
鈴木一郎様（XYZ 代理店）
涼宮良子様（あいうえサービス）

「どこ」の「誰」かが
わかりやすい

受信トレイをスッキリさせる

大事なメールを見落とさなくなる

□ 実践したい　□ 実践した

　受け取ったすべてのメールを受信トレイに置いたままでは、重要度の見分けがつきにくいもの。そんなメールを郵便物にたとえると、毎日届いた封筒やら手紙やらを下から上へ積み上げている状態です。

　このままでは大事なメールを見落とし、返信するのをうっかり忘れそうなので、受信トレイをスッキリさせましょう。

　おすすめするのは、**「受信トレイに置くのは、未処理のメールだけ」にすること**です。これから処理するものがひと目でわかるようにし、やることのヌケ・モレをなくすためです。

　同時に**「処理済み」というフォルダーを作る**のはいかがでしょうか。受信したメールを返信したり頼まれた書類を送ったりして処理したら、「処理済み」フォルダーへ移動させるのです。

　そうすると受信トレイには未処理のメールだけが並ぶので、やることが一覧化でき、見落としをなくせます。

「未読と既読」を分けるのではなく、「未処理と処理済み」に分けるのがポイントです。

　なお、「処理済み」フォルダーにあるのは、証拠として残したり、再度検索したりしそうなメールです。二度と見ないものは「削除トレイ」に移動させましょう。

　必要に応じて「メルマガ」や「社内ニュース」などのフォルダーを作り、自動仕分けを設定しておくと、受信トレイには処理の必要なメールだけが入ります。

大事なメールを見落とさない方法

● メールを受信トレイに置いたままでは大事なメールを見落とす

メールフォルダー	送信者	件名
📁 受信トレイ	山田○○	見積書のご確認
	石井○○	会議の日程について
	鈴木○○	新商品のレビュー
	高橋○○	社内ミーティング日時
	大木○○	A社へのアポについて
	佐藤○○	プレゼン資料添付

デスクを片づけない
のと同じ

●「処理済み」フォルダーを作る

受信トレイ

処理済み

処理を終えたら
「処理済み」に移す

●「受信トレイ」にあるのは未処理メールのみ

メールフォルダー	送信者	件名
📁 受信トレイ	山田○○	見積書のご確認
📁 処理済み	石井○○	会議の日程について
	大木○○	A社へのアポについて

受信トレイが
「ToDoリスト」
になる

Chapter 4

のおさらい

- ☐ ファイル名に日付を付けると、
  最新版がひと目でわかります。

- ☐ 書類を作る日とチェックする日を別にしたり
  紙に印刷したりすると、ミスを見つけやすくなります。

- ☐ アプリの自動校正機能や置換機能、
  音声読み上げ機能を使って、
  セルフチェック力を高めましょう。

- ☐ 「1メールに1用件」を原則にすると、
  返信モレを防ぎ管理もしやすくなります。

- ☐ メールアプリの自動的にミスを
  見つけてくれる機能を活用しましょう。

- ☐ メールのテンプレートに自分に注意を促す
  メッセージを入れておくとミスを防げます。

Chapter

5

気持ちよく仕事をする
しくみ作り

仕事で失敗しない人は、
他人から見えないところで準備をしたり
環境を整えたりしています。
Chapter5ではどんな「しくみ作り」をすれば
ミスを減らせるか解説します。

3つのHに注意する

「はじめて」「久しぶり」「変更」の仕事はミスしやすい

□ 実践したい □ 実践した

　ミスをしやすい状況を、頭文字の3つのHを取って「3H（さんエイチ）」と呼んでいます。①**はじめて** ②**久しぶり** ③**変更**です。

　まず、「はじめてやる仕事」でのミスは、入社したときや異動したとき、担当替えなどのタイミングで必ず起こります。

　誰だって経験値がなければ試行錯誤、手探り状態です。要領を得ず、時間がかかり、出来映えに自信が持てないのも当然です。よって、**自己判断せず、わからないことは質問したり、確認をとったりしながら進めましょう**。

　終わったら、その業務に精通している人や上司にダブルチェックをお願いし、必ず目を通してもらってください。

　次に、「久しぶりにやる仕事」は、半年～1年に1度のサイクルで行う定型業務をイメージしてください。時間が空けば空くほどやり方を忘れやすくミスを招くので、まずは**マニュアルや前回の資料を参照してください**。

　「以前にもやったことがあるから大丈夫」と思い、いきなり作業し始めると、つまずく可能性があります。自分を過信せず、復習から始めるのが安全なやり方です。

　最後に、「変更」には手順や工程、システム変更などがあります。デジタル化が進み、新しいシステムを導入する際は混乱が予想され、ミスも起こりやすくなります。「**マニュアルを遵守する**」「**操作に慣れる**」「**テスト試行を重ねる**」などして念には念を入れ、万全を期してから始めてください。

ミスをしやすい3つのH

● 3Hとは？

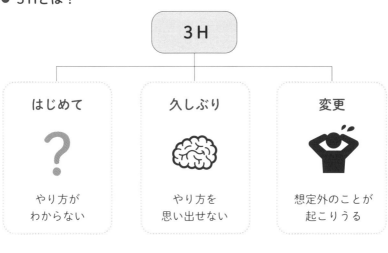

3H

はじめて	久しぶり	変更
やり方が わからない	やり方を 思い出せない	想定外のことが 起こりうる

3Hに対応するときのポイント

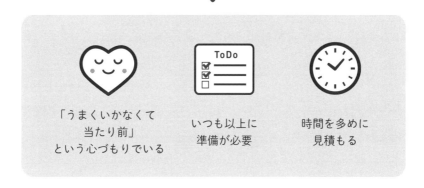

「うまくいかなくて 当たり前」 という心づもりでいる	いつも以上に 準備が必要	時間を多めに 見積もる

POINT

わからないときはあわてず、
質問・確認しながら進めよう！

ヒヤリ・ハットを活かす

大事に至る前に異常に気づけば大きなミスをしない

☐ 実践したい　☐ 実践した

　ミス防止に役立つ知識として、「**ハインリッヒの法則**」を紹介します。ハインリッヒは、この法則を発表した人の名前です。

　彼はアメリカの損害保険会社に勤務し、工場の労働災害について調べました。1件の重大な事故や災害の裏には、29件の軽い事故や災害があり、300件のヒヤリ・ハットがあることに気づき、論文で発表したのです。ヒヤリ・ハットとは、事故や災害にはならなかったものの、文字通り**ヒヤリとしたりハッとしたりした出来事**をいいます。

　この法則は労働災害の統計ですが、オフィスワークにも共通するところがあります。ミスをしたら、表面化した事象に目が行きやすいですが、「**それよりも前に小さなミスをしなかったかな？**」「**ヒヤリ・ハットはなかったかな？**」と、いま一度振り返ってほしいのです。

　ヒヤリ・ハットはむしろ"宝の山"です。**「おっと危ない」の段階で異常を見つければ、ミスをする一歩手前で事なきを得ます。**

　たとえば、当日に支度をし、出かける直前に忘れ物に気づいたとします。今回は事前に気づけたので問題ありませんが、今後に向けて忘れ物をなくす作戦を立てましょう。たとえば「前日までに持ち物をそろえる」「持ち物チェックリストを作る」などの対策を考えておくのです。

　ヒヤリ・ハットを活かさないのは、もったいないことです。ヒヤリ・ハットの事例を集めて、ミスを防ぐアイデアを考えましょう。

ヒヤリ・ハットは宝の山

● ヒヤリ・ハットとは？

… 事故や災害にならなかったものの、その一歩手前の出来事をいう

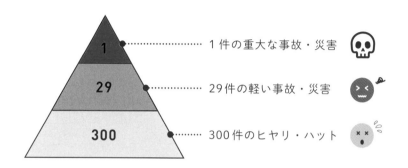

- 1件の重大な事故・災害
- 29件の軽い事故・災害
- 300件のヒヤリ・ハット

● ヒヤリ・ハットを活かす

ヒヤリ・ハットを
集める

事例　事例

対策を考え
実行する

Do!

ミスが減る

POINT

ヒヤリ・ハットを集めた
ノートを作るのもいいですね！

手書きした情報は1ヶ所にまとめる

大事な情報を見失わなくなる

☐ 実践したい　☐ 実践した

　ちゃんとメモしたはずなのに、後になって「あれ？　どこに書いたっけ？」とメモの場所を思い出せないことがあります。

　危ないのは、いろいろなものに書いてしまうこと。ミニサイズや裏紙で作ったメモ帳、付せんなど、あちこちに書くと迷子になりやすく、大事なメモを誤って捨てるおそれもあります。

　パソコンのデータならキーワードで検索できますが、手書きしたものは実物を探すしかありません。

　大事なメモを見失わないように、情報は1ヶ所にまとめましょう。簡単にできるのは、ノートを1冊用意して、そこになんでも書き入れていく方法です。

　子供の頃、「おこづかい帳」を付けていた経験はありませんか？おこづかい帳は、お金の入出金を書くためのものです。つまり、お金に関することは、おこづかい帳を見ればわかります。そんなふうに情報をまとめておくと探しやすくなります。

　「指示受け用」として、ミニサイズのノートをいつも持ち歩くのも一案です。上司に呼ばれたら、すぐ指示を書き留めることができますし、ノートなら履歴を残せるので、後から見返すこともできます。「アイデアノート」や「ネタ帳」を1冊作るのもいいですね。思いついたことをどんどん書き入れましょう。

　ただし、**スケジュールやアポイントは、必ず手帳のスケジュール欄に書くこと**。アポイントを忘れたり、ダブルブッキングをしてしまったりといったミスを防ぐためです。

どこに書くか決める

● 書く場所を決める理由

いろんな場所に書く

付せん、プリント裏、レシート…

情報を
見つけられない

書く場所を決める

情報を
スグ見つけられる

ノート作りのポイント

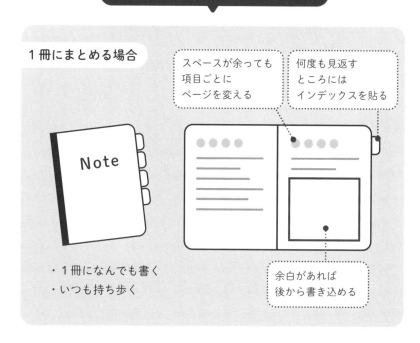

1冊にまとめる場合

スペースが余っても
項目ごとに
ページを変える

何度も見返す
ところには
インデックスを貼る

Note

・1冊になんでも書く
・いつも持ち歩く

余白があれば
後から書き込める

163

ファイリング上手になる
書類とファイルの相性を合わせれば整理しやすい

□ 実践したい　□ 実践した

　大事な書類をなくさないように、ファイリングしましょう。ファイリングにはコツがあるのでお伝えします。

　ファイルにはいろいろな種類があり、それぞれにメリット・デメリットがあります。**選ぶときは書類との相性や紙の分量、使用目的などを勘案してから選んでください**。順に紹介します。

　トップバッターは人気のクリアフォルダー（クリアファイル）です。メリットは、透明なので書類が見えること、薄くてスペースをとらないことです。デメリットは背表紙にラベルを貼れないこと、書類が増えると探しにくいことです。相性がいいのは、**仕掛かり中でとりあえず保管する書類や、持ち歩いたり送ったりするときに折ったり汚したりしたくない書類**です。

　次は、ポケット式クリアファイルです。これは透明のフィルムに書類を1枚ずつ入れるもの。メリットは書類が汚れないこと、閲覧しやすいことです。デメリットは、書類を出し入れしにくいこと、フィルムの上からメモが書けないことです。ですからパンフレットやマニュアル、メニューなどが適しています。

　なお、**背表紙があるファイルには、ラベルを貼りましょう**。ラベルがあるとひと目で中身がわかります。パソコンで作れるシール型のラベルは、簡単かつキレイに仕上がるのでおすすめです。そのラベルに「1、2、3……」と連番を振れば並び順がわかり、使用後に戻す位置が一目瞭然です。ファイルの紛失にすぐ気づけるうえ、整理整頓がうまくいきます。

書類に合ったファイリング方法

ファイルの種類	メリット	デメリット	相性のよい書類
クリア フォルダー	・中身が見える ・書類を出し入れ しやすい ・薄くてスペースを とらない	・背景紙にラベルを 貼れない ・書類が増えると 探しにくい	・仕掛かり中の書類 ・バッグに入れる書類 ・送る書類
ポケット式 クリアファイル	・書類が汚れない ・閲覧しやすい	・出し入れしにくい ・何度も修正する ものには向かない	・パンフレット ・マニュアル ・手順書 ・説明書
リング式	・書類をなくさない ・500枚まで 綴じられる	・穴を開ける手間が かかる ・出し入れしにくい	・時系列で とっておく書類 ・社内のニュースや 関連書類など
個別 フォルダー	・書類を出し入れ しやすい ・薄くてスペースを とらない	・中身が煩雑に なりやすい ・書類が増えると 整理しにくい	・仕事が終わり、 紙が少ない 一件書類
Z式 ファイル	・穴を開けずに 綴じられる ・レバーでしっかり 固定される	・レバーのある 左側数cmは 見えにくい	・仕事が終わった 一件書類

ウィンドウを並べて作業する
別のファイルを参照しながら作業の効率化が図れる

☐ 実践したい　☐ 実践した

　パソコンでファイルを見比べながら作業するときは、**ウィンドウを左右に並べて画面いっぱいに表示すると便利**です。パソコンを2台用意する必要もありません。

　これはショートカットで簡単にできます。Windowsの場合、「Windows」マーク＋「←」キーです。

　ウィンドウを並べず1つのファイルだけを表示して作業すると、ファイルを閉じてはまた別のファイルを開く動作をくり返すことになります。画面は数秒で切り替わるにしても、必要な箇所を覚えきれずに何度も見返したり、あいまいな記憶をたどって先へ進めたりするとミスをしかねません。

　また、たくさんのファイルを開きっぱなしにすると、どれがどれだかわからなくなり、保存すべきファイルなのに、勢いあまって保存せずに閉じてしまう失敗もあります。

　ウィンドウを並べて作業すると、ファイルから別のファイルへのコピー＆ペーストが、ラクにできます。

　たとえば、WordとPowerPointを並べたり、上司からの指示が書かれたメールを見ながらExcelのファイルを作ったりすることもできます。

　パソコンの操作方法がわからなくなって、「Web記事に書いていないかな」と検索したとします。役立つサイトを見つけたら、**そのWeb記事を参照しながら操作できる**ので、短時間で問題が解決するでしょう。

ウィンドウを並べて効率アップ

ファイルを開いたり閉じたりが多いと…

どこまでやったか
わからない

何度も見返す

ミスが生じる＆
効率が悪い

ウィンドウを左右に並べて表示する

〈参照するもの〉

○○○○○○○

1　効率のよい仕事について
2　テクニックがいくつかあります
3　↵
4　↵
5　ウィンドウを画面に並べる

〈作成するもの〉

■ コピー＆ペーストがラク

■ 迷子にならない

■ 参照しながら進められる

効率アップ！

ファイルの子分を作る

68 元データを残しておくと再利用できて効率的

☐ 実践したい　☐ 実践した

　一度作ったデータは保存しておき、一部分だけ変えて再利用すると効率的です。このとき注意したいのは、元データに手を加えてしまわないこと。

　修正した後に別のファイル名にしようと「名前を付けて保存」したつもりが、作業をするうちに忘れたり間違えたりして「上書き保存」のツールバーをクリックしてしまうことがあります。そうすると、残したかった元データが上書きされてしまいます。

　新旧２つのファイルを残したいときは、まっ先に元のファイルをコピーして、分身を作りましょう。

　すると、Windowsの場合、「○○○○コピー」という名前のファイルができるので、「名前の変更」をして別の名前を付けます。そうすれば、安心して、新しく生まれたファイルを開き、修正や変更を加えられます。データの親分はちゃんと生き残り、子分のファイルがめでたく完成します。

　なお、フォルダーに複数の残したいファイルが入っているときは、**フォルダーごとコピーしてフォルダー名を変え、次に各ファイルの名前を変えていく**とよいでしょう。

　時短で作業するには、「Ctrl」キーを押しながらアイコンをドラッグしてコピーします。次に、「名前の変更」をするときは、「F2」キーを押します。

　既存のデータを残しながら、新しいファイルを作ることを習慣にしましょう。

ファイルの再利用はコピーから

◉ 作業前にコピーしないとキケン

このファイル使える！
少し変更して
「名前を付けて保存」…

間違えて
「上書き保存」
しちゃった…！

◉ 元データを消さない方法

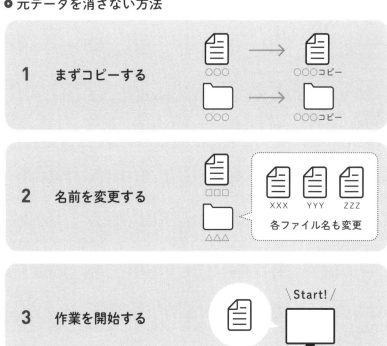

1 まずコピーする

○○○ → ○○○コピー

○○○ → ○○○コピー

2 名前を変更する

XXX　YYY　ZZZ

各ファイル名も変更

3 作業を開始する

\ Start! /

69 USBメモリーにコピーする
保存忘れやデータの消失に備えられる

☐ 実践したい　☐ 実践した

　精魂込めて作った書類。ちゃんと保存したつもりなのに、なぜか保存されていない。そんな悲しい経験はありませんか？

　うっかり保存し忘れたり、パソコンの動作不良により大事なデータが消えてしまったりしないよう、**仕掛かり中の書類やデータは、こまめにUSBメモリーに保存する**のがひとつの手です。

　保存の仕方は、Windowsの場合、ファイルを閉じた状態で「Ctrl」キーを押しながらファイルをUSBメモリーのアイコンまでドラッグします。これが速くてラクなやり方です。

　他方、ファイルを開いたまま保存するなら、USBメモリーを差して、「名前を付けて保存」することになります。

　ただし、**USBメモリーを挿したまま加筆や修正といった作業を続けると、つい「上書き保存」しやすくなる**ので注意してください。つまり「上書き保存」した内容はUSBメモリーには残るものの、ローカルのフォルダーなりクラウドサービスなり、メインの保存場所には反映されません。

　そうすると、次に仕事をするとき、メインの保存場所にあるファイルを開けて、「あれ？　保存されていない」と冷や汗をかいたり、「もう一度作り直さなければいけない」と思い込んだりしやすくなるのです。

　ファイルをバックアップするときは、「名前を付けて保存」せず、ファイルをUSBメモリーにコピーしましょう。

こまめにバックアップをとろう

● 予期せぬ事態に備える

うっかり保存忘れ

パソコンが壊れる

● USBに保存する際の注意点

 NG!

ローカルのファイル
を開いたままUSBに
「名前を付けて保存」

↓

作業中
上書き保存

↓

ローカルに
ファイルが見当たらない

 OK!

ローカルのファイル
を閉じてUSBにコピー

↓

作業中
上書き保存

↓

ローカルに
ファイルを保存

 POINT
USBメモリーのファイルは
直接編集しないよう注意！

1時間単位で仕事をリセットする

メリハリがつくことで集中力が高まり成果も上がる

☐ 実践したい ☐ 実践した

　パソコンのディスプレイを使って長い時間作業をすると、気づかないうちに体に負荷がかかってしまいます。あなたは、肩こり・頭痛・腰痛・眼精疲労などに悩まされてはいませんか？

　私にも経験があります。目の痛みが15日間続き、健康なときと比べて生産性がガクンと落ちたことがあります。病院で診察を受けると、「眼精疲労です。パソコン操作は40分を一区切りにして休んでください」と注意されました。

　その日を機に、**1時間単位のリセット術**を取り入れています。1時間の内訳は、「**パソコン操作40分**」「**休憩10分**」「**準備10分**」です。つまり40分作業をしたら10分休憩をします。休憩中は遠くを見たり、軽いストレッチをしたり、コーヒーを飲んだりしてリフレッシュします。

　休憩を終えたら、次の10分は準備にあてます。10分は5分ずつに分けて、はじめの5分は片づけタイム。デスクの使い終わったものを元の位置に戻します。残りの5分は計画タイムにあて、次の40分の段取りを確認します。

　1時間単位のリセット術を取り入れるメリットは、メリハリがつけられるようになることです。**40分で成果を出そうとするので集中力が高まり、集中しすぎても休憩をとってリフレッシュできます。**

　このような自分なりの作業のサイクルを決めると、ムリせず、ムラなく継続して成果を上げられることでしょう。

作業サイクルを決めよう

● 長時間作業は負荷が大きい

眼が疲れる

肩こり・腰痛

効率ダウン

● 1時間単位のリセット術

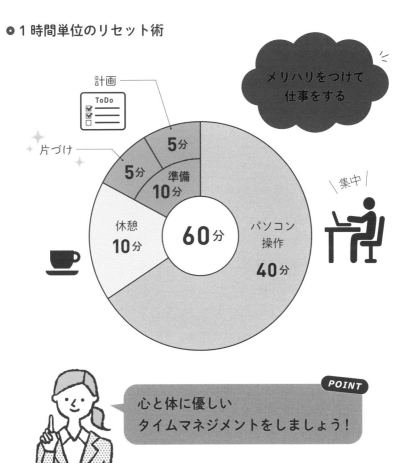

計画

片づけ

ToDo

メリハリをつけて
仕事をする

60分
5分
準備
10分
5分
休憩
10分
パソコン
操作
40分

集中

POINT

心と体に優しい
タイムマネジメントをしましょう！

71 ちょこっと片づける
完璧に片づけようとすると何もできなくなる

□ 実践したい　□ 実践した

　あなたのデスクは片づいていますか？　探しものがすぐに見つかりますか？

　毎日ちょこっとだけ片づけましょう。ポイントは「ちょこっと」。忙しい人は、まとまった時間をとれません。**「完璧に整理整頓しなければ」と自分を追い込むと、先送りしたり手つかずのままになったりしてしまいます**。もっと気楽にいきましょう。

　デスクの上は、パソコンが置けて書類が広げられるスペースを確保します。いらない書類や文具などは、思い切って捨てる覚悟も必要ですね。持ち物を減らし、身軽になりましょう。

　次に、それぞれの置き場所を決めます。置き場所は、取り出しやすく戻しやすい位置にしてください。そして、**「使ったら戻す」を守ります**。ホチキスを使ったら、デスクの引き出しの定位置に戻す。共有のファイルを使ったら、キャビネットに戻す。これをくり返すだけで、デスクはすっきりした状態を保てます。

　帰るときは、デスクを片づけましょう。**書類や文具をしまい、パソコンと電話以外は置かないようにします**。

　翌日の朝は、きれいなデスクに座って、また必要なものだけを取り出すようにすると、爽快な気分で仕事を始められますよ。

「ちょこっと」は、スキマ時間を活用してください。仕事と仕事の合間、気分転換したいときなど5分間で十分です。上司に書類を見てもらう待ち時間も、片づけタイムにあてることができるでしょう。

仕事がはかどる片づけ術

テクニック
1
いらない書類や
文具は捨てる

テクニック
2
置き場所を決める

同じ種類はまとめる

「取り出しやすく」「戻しやすい」場所に置く

テクニック
3
使ったら戻す

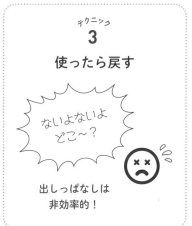

ないよないよ
どこ~？

出しっぱなしは
非効率的！

テクニック
4
5分間の
片づけタイムを作る

仕事前　休憩後　気分転換時

スキマ時間を
使おう！

テクニック
5
帰るときにデスクに
書類や文具は置かない

デスクの上は電話、
パソコンのみ

データはゴミ箱に捨てない

大事なデータを間違えて捨ててしまうミスが防げる

☐ 実践したい　☐ 実践した

　紙の書類なら場所をとりますが、パソコンのデータならいくら保存しても構わないと後生大事に取っておくと、容量を食います。職場でデータ容量が決まっている場合などは、それを超えると保存できなかったりデータが消えてしまったりすることもあるため、**いらなくなったデータはこまめに捨てましょう**。

　とはいえ、大切なものまで勢い余って捨てるミスはしたくないもの。そこで大事なデータを間違えて捨てないための対策を2つ提案します。

　1つめは、**保存期限をフォルダー名やファイル名に入れる**ことです。組織には文書管理規定があるところも多く、「この書類は○年保存」というルールが決まっています。ですから、自己判断で勝手に捨ててはいけません。

　保存期限をフォルダー名やファイル名の最後に付け加えておくと、捨ててよい日が一目瞭然です。よって、保存期限よりも前に誤った自己判断をして捨てる心配はなくなります。

　2つめは、**進行中の案件は、すぐゴミ箱に捨てないこと**。仕事が終了するまでデータをとっておくと安心です。

　いきなりゴミ箱に捨てると、見つかりにくいことがあるので、**保留ボックス**に一定期間入れましょう。案件ごとのフォルダーに「削除予定」という名称のフォルダーを作り、最新版以外は移します。案件が無事終了したら、「削除予定」フォルダーを丸ごと捨てて、さよならしてください。

データを間違えて捨てないポイント

Point 1 フォルダー名やファイル名に保存期間を入れる

2023年度議事録
（2026.3.31まで保存）

ひと目でわかって
間違いを防ぐ！

Point 2 仮のゴミ箱を案件フォルダー内に作る

A案件のフォルダーの中

削除予定　　　企画_3　　スケジュール_2　　予算_4

ボツや過去の
履歴

企画_1	スケジュール_1	予算_1
企画_2		予算_2
		予算_3

POINT

ボツが活かせるかもしれないので、
履歴はそのままに、案件が終わったら
削除予定フォルダーは捨てましょう

スマホに頼りすぎない
突然、仕事に使えない場合もある

□ 実践したい　□ 実践した

　出勤するときスマホを忘れたら、「今日一日どうしよう？」と途方にくれるのではないでしょうか。スマホは言わずと知れた万能選手ですが、頼りすぎは禁物です。というのは、通信障害が起きたり、故障したりしたら、仕事に使えなくなるためです。

　万が一に備えて、訪問予定があれば、**やりとりしたメールや地図を印刷して持っていく**とか、**電話番号は手帳やノートにメモして持ち歩く**ことをおすすめします。そうすると、公衆電話や他人の携帯電話を借りて電話をかけられるからです。

　大地震が起こった際は、公衆電話に長蛇の列ができたそうです。家族や親戚と連絡がとれるよう、**手帳などに電話番号（固定電話と携帯電話）をメモしておく**とよいでしょう。

　デジタル化の時代ですが、アナログにはアナログのよさがあります。スマホのせいで「万事休す」になるのは避けたいので、原点回帰するのも手段のうちだと思います。

　私がスマホの機種変更をしたときのこと。連絡先データを移し替えたつもりが、数名だけもれていました。1件ずつチェックするのを怠ったので、気づかないまま下取りに出してしまい、調べるすべもありません。スマホ以外の場所に連絡先を控えておくべきだったと反省しています。

　知人は、機種変更しても記念の意味もこめて歴代のスマホを取っているとのこと。そうすれば、万が一の場合も調べようがありますね。備えあれば憂いなし。あなたもお気をつけください。

スマホが使えないときの対策

● スマホに頼りすぎるとキケン

 停電　充電切れ　スマホ忘れ

こんなことが起こると…

- ✖ 電車に乗れない
- ✖ 買い物できない
- ✖ メールが読めない、送れない
- ✖ 電話ができない

できないことが
多くて
あわててしまう

● リスク対策しよう

現金を持つ

電話番号を
メモする

公衆電話の
場所を調べる

地図はプリント
アウトしておく

POINT
イザというときのために
アナログの備えもしておきましょう！

予定と一緒に持ち物も書いておく
当日になって忘れ物をするのを防げる

☐ 実践したい　☐ 実践した

　お客様や取引先とアポイントを交わすとき、約束をすっぽかさないように日時や場所はしっかり記録すると思います。

　当日を迎えて、相手とちゃんとご対面できたのはよいけれど、「しまった！忘れ物をした」という経験はありませんか？

　忘れ物をすると準備不足だとか、おっちょこちょいな人という印象を与えてしまいます。

　対策としては、**手帳やスケジューラーに持ち物を書いておく**ことです。予定と一緒に、当日持っていくものを書き添えておくのです。

　とくに予定を入れた日と訪問日が離れていると、いちいち持ち物まで覚えきれません。そこで必要なものを記録してください。

　たとえば、財務や経理の社外セミナーを受ける日は、「電卓、名刺10枚」などと書きます。グループワークをした人と名刺交換するかもしれませんので、名刺入れを忘れたり、名刺の枚数が足りなくなったりという失態を防ぎたいものです。

　銀行に行く日は「ハンコ」、顧客訪問する日は「サンプルと販促品」、出張する日は「お土産」などと書いておきます。また、病院に行く日は「診察券、保険証（またはマイナンバーカード）、お薬手帳」などと書くと備忘録になります。保険証を忘れると、自費で払わなければなりませんから。

　持ち物のメモは、用が済んだら消して結構です。消せるペンで書くと消しやすいでしょう。

持ち物メモで忘れ物を防ぐ

パンフレットを
持ってくるって
言いましたよね。
忘れたの？
困っちゃうな〜

お客様　あなた

申し訳ございません。
後ほど
送りますので…

忘れ物をすると仕事も増え、印象もよくない

対策

手帳やスケジューラーに持ち物を書いておく

1日
・経理の社外
　セミナーに参加
・電卓
・名刺10枚

2日
・大阪出張
・お土産

7日
・およよ銀行
・ハンコ

9日
・得意先A商事
・パンフレット
・商品サンプル

□ 忘れ物をしない

□ 必要なものを都度
　思い出さずに済む

□ よけいな仕事を増やさない

メリット

完璧　

新幹線でも仕事をする

パソコン作業や通話ができる車両が運行している

□ 実践したい　□ 実践した

かつて新幹線で仕事する場合、次のような状況でした。乗車中に電話がかかると、座席で話せないのでデッキへ移動しなければなりませんでした。3人掛けの窓側に陣取ると、通路側の人にペコペコしながら出たり入ったりをくり返すこともありましたっけ。

乗車中にオンライン会議があれば、声は出せませんから、うなずいたり、OKマークを出すなどジェスチャーで意思表示。チャットを打つと、ほかの乗客からキーボードの打音がうるさいと睨まれることも。

そんなビジネスパーソンに朗報が。**新幹線でパソコンなどを使って仕事ができる車両ができました**。一般に「新幹線オフィス車両」と呼ばれています（2023年3月現在の正式名称は「TRAIN DESK」）。

「新幹線オフィス車両」は、走るオフィス、デスクです。**席に座ったまま電話をしたり、オンライン会議に参加できたりする**のですから。ただし、お互いが気持ちよく過ごせるよう配慮は必要なので、電話やオンライン会議の際は小さな声で話したり、イヤホンマイクを使ったりするよう推奨されています。

私も実際に利用してみたところ、人気を博していて早くから座席が埋まっていました。偶然かもしれませんが、しーんと静か。皆さん集中して仕事をしていたのかもしれません。

あなたも出張する際は、「新幹線オフィス車両」を予約するのはいかがでしょうか。

「走るオフィス」を活用しよう

● かつての新幹線は…

デッキへ移動して
通話

オンライン会議は
無言参加

キーボードの打音に
気を使う

作業環境が抜群とはいえなかった

↓

新幹線オフィス車両なら…

着席した
ままで
OK!

席に座ったまま
通話

オンライン会議に
参加

パソコン作業も普通
にできる

POINT

移動時間も仕事ができる！
有効活用しましょう！

76 第2・第3のデスクを決める
会社のデスクや自宅以外でも仕事ができる

□ 実践したい　□ 実践した

　ハイブリッドワークが主流となりました。ハイブリッドワークとは、出社する「オフィスワーク」と、自宅やシェアオフィスなどで働く「テレワーク」を組み合わせた働き方です。

　出社せずとも仕事ができる場所の候補をあらかじめリストアップしておくと、さまざまな場面で役に立ちます。

　外出先で急に電話をかけたいとき、オンライン会議をすることになったとき、あわててデイユースのホテルを検索したり、うろうろ歩いて探し回ったりするのでは時間をムダにしてしまいます。

　駅ナカや駅近のビルや商業施設などでは、「**ビジネス用個室ブース**」が設置されているところがあります。

　スマホでちゃちゃっと予約すると、すぐさま1人用オフィスを確保できます。パソコンや書類を広げて電話をかけるもよし、オンライン会議で堂々と声出しすることもできて便利です。

　在宅勤務をすると家族の声や周囲の騒音が入ってしまい、オンライン会議に集中できない場合、会議の時間帯だけ「ビジネス用個室ブース」を予約するとよいでしょう。東京駅近辺のブースは、いつも人が入っていて、ニーズの高さを感じます。

　なお、カフェは本来お茶を飲むところですからテレワーク仕様ではありません。そのため、滞在時間の制限を設けたり、電話やオンライン会議を禁じたりしている店があります。

　第2・第3のデスクの当てを付け、**自席以外でも成果を上げる人になってください。**

お気に入りの「仕事場リスト」を作ろう

静かに電話できる
場所がない

家族の声が入らない場所で
Web会議したい

新たに探すと時間がかかる

決まった場所があれば困らない!!

● お気に入りリストの例

目的	形態	施設名	価格	予約フォーム
1人で黙って作業	カフェ	うまか珈琲	コーヒー500円	なし
	デスク	りんご駅直結 あいうオフィス	300円／15分 3,500円／半日	https://aiu
1人で声を出す （電話、Web会議）	ブース	ABC商業施設内	300円／15分	https://abc
	ホテル シェアオフィス	ほほほホテル	8,000円／半日 15,000円／1日	https://hohoho
メンバー打ち合わせ （4人以下）	ブース	みかん駅直結	500円／15分	https://mikan
メンバー打ち合わせ （5人以上）	会議室	ぶどう駅直結	1,000円／15分	https://budou

今日は1人静かに
…カフェだな！

目的別にリスト化すれば
迷わず決めやすい

会議室の
予約だ！

URLを控えておくと、
すぐに予約できて便利

部屋をプチリノベする
自分の好みを取り入れるとモチベーションが上がる

☐ 実践したい　☐ 実践した

在宅勤務をするなら、集中できる環境を作りましょう。といっても大げさなことでなく、**デスクまわりを片づけたり、プチリノベ（リノベーション）したりするだけで十分です。**

ちなみに日本の和室は、緑・ベージュ・オフホワイトの3色で構成されていて、落ち着く空間といわれています。仕事をする空間にも、これらの色をインテリアや小物（壁紙や家具、クッションなど）にもってくると、**心が穏やかになり、ゆったり仕事ができる**でしょう。また、自宅では他人を気にする必要がないのもうれしいところ。好きな香りのアロマを焚く、マッサージクッションを腰や足に置く、椅子をバランスボールにして体幹を鍛える、BGMを流しながら作業するなど、楽しみを取り入れてはいかがでしょうか。

私はオンライン会議や研修ができるように、自宅をリフォームしました。インテリアコーディネーターの方に相談し、デスクをどこに設置するかを決めました。

その結果、よけいなものが目に入って気が散らないよう、デスクは壁に向かって設置。視界に入る壁紙はベージュで、鳥が森の中を飛ぶ絵柄にしました。ときどき壁紙を見ては癒されています。一方、背面の壁はオンライン会議をすると画面に映るため、オフホワイトにしました。

賃貸物件であっても、剥がせる壁紙を使えば同じことができます。**好みを取り入れて心地よく仕事をしましょう。**

心地よい環境を作る

Rule 1　好きなものを置く

好きな柄の
壁紙

推しの写真

お気に入りの
BGM

空気清浄機

コーヒーや
紅茶

お菓子

マッサージ
クッション

アロマ

Rule 2　部屋をスッキリさせる

机を片づける

プチリノベーションする

POINT

心地よく、モチベーション高く
自宅仕事ができる工夫を！

誘いを断った理由を書いておく
嘘を言ったとしても信頼を失う失敗をしない

☐ 実践したい　☐ 実践した

　仕事で関わる人たちから誘いを受けることがあります。
「〇日に勉強会を開くので来ない？」「残業した後、飲みに行かない？」など。

　以前、私は知人を食事に誘いました。すると「ボク体調が悪いので……」と言うのでやめることに。でも、その晩何気なくSNSを見ていたら、彼が別の人たちと飲んで酔っぱらっている写真を目にしたのです！　彼の仲間が写真を撮って投稿したのでしょうが、脇が甘い（笑）。嘘がバレた瞬間でした。

　はたまた父親が危篤という理由で、上司との飲み会をパスした人もいます。心配した上司が実家に電話をかけたところ、「はいは〜い」と父上が元気な声で電話に出たそうです。苦肉の策とはいえ、上司は何ともショックだったことでしょう。

　そこで習慣にしてほしいことがあります。**断るときは、自分が言った理由を忘れないよう記録しておきましょう。**

　たとえば、職場の夜間勉強会を欠席するとします。理由を言って断ったら、すかさず当日の予定に「夜間勉強会、体調不良で欠席した」と書いておきます。すると当日は行動に気をつけ、後日ちぐはぐなことを話さなくなります。

　嘘つき呼ばわりされたり、信頼を損なったりしないよう、実行しなかった予定も書いておきましょう。

誘いを断った後の対処法

● 断った予定と理由をセットでメモにする

> 1日
> 断　：浜田さん勉強会
> 理由；病院

> 10日
> 断　：渡辺さん飲み会
> 理由；夜間セミナー参加

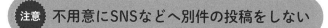

注意 不用意にSNSなどへ別件の投稿をしない

今日は
焼き肉パーティー！

え…？
勉強会じゃないの？？

● 後日フォローする

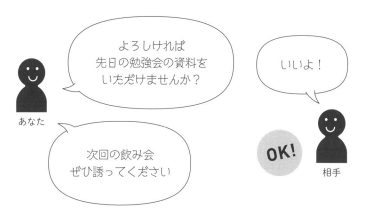

よろしければ
先日の勉強会の資料を
いただけませんか？

あなた

次回の飲み会
ぜひ誘ってください

いいよ！

OK!

相手

Chapter 5

のおさらい

☐ ３つのＨ（はじめて・久しぶり・変更）
　の仕事には要注意。

☐ 新旧２つのファイルを残したいときは、
　まっさきに元のファイルをコピーすると、
　誤って上書き保存してしまうミスを防げます。

☐ 1時間単位のリセット術（パソコン操作40分・
　休憩10分・準備10分）を取り入れてみましょう。

☐ 整理整頓が苦手なら、スキマ時間に
　「ちょこっと片づける」を習慣に。

☐ スマートフォンが使えなくなった場合に備え、
　地図などは印刷したものを持っていくと安心。

☐ 手帳やスケジューラーには予定のほかに
　持ち物も書いておくと忘れ物を防げます。

Chapter

6

パフォーマンスを高める
生活習慣

ふだんの生活のしかたを改善すると、
仕事がはかどりミスも減らせます。
仕事のパフォーマンスを上げるためにも、
睡眠や身だしなみなどをあらためて
点検してみてください。

しっかり睡眠をとる
体調がよければ高いパフォーマンスを発揮できる

□ 実践したい　□ 実践した

　ヒューマンエラーとは、意図しない結果を生じさせる人間の行為のことです。その要因は、コミュニケーション不足や作業環境の良し悪し、システム不良など多岐にわたりますが、忘れてならないのは、**あなた自身のふるまい**です。

　自分自身がはたしてベストな状態で仕事に臨んでいるかを振り返ってください。というのは、体調がいいときと悪いときを比べると、高いパフォーマンスを発揮できるのは、当然ながら体調がいいときだからです。

　まずは、**睡眠時間をしっかりとることから始めましょう**。睡眠時間が3時間の労働者と、睡眠時間が5時間以上の労働者にチェック作業を行わせたところ、3時間睡眠者は5時間睡眠者と比べて倍以上の見落としがあったとの実験結果があります[※]。

　慢性的に短い睡眠は「睡眠負債」といわれます。負債が増えると、脳・心臓疾患の危険性も高まります。そうならないよう睡眠時間を確保してください。つい夜ふかしをしてしまう人は、早く寝る習慣を身につけるため、スマホのアプリを活用する手もあります。

　8時間寝たい場合、朝6時に起きるとしたら22時が就寝時刻です。22時になると自動的にアラームで知らせくれるので、「そろそろ寝よう」と気づき、夜ふかしせずに済みます。目覚まし用のアラームをかける人は多いですが、寝る時間にアラームを鳴らす人は少ないのでは？　ぜひ寝る時間を守りましょう。

※出典：「令和2年度　製造業における労働災害防止対策」東近江労働基準監督署

「睡眠負債」を解消する習慣

Rule 1 何時間寝るか決め、就寝時間を逆算する

8時間は寝たい

逆算

22時にはベッド

6:00 起床

22:00 就寝

Rule 2 寝る前にアルコールやカフェインをとらない

ノンカフェインのハーブティーでリラックス♪

Rule 3 パソコンやスマホ、テレビを見ない

暗めの照明で心身を睡眠モードに

ぐっすり眠れればミスが減り仕事がはかどる

目覚まし時計は2つセットする
寝坊・遅刻という恥ずかしい失敗を回避できる

☐ 実践したい　☐ 実践した

　恥ずかしい失敗といえば寝坊です。寝坊しないように目覚まし時計は、2つ用意するとよいでしょう。

　時計の置き場所も大事なポイントです。

　<u>1つは時間を確認するために枕元に置き、もう1つは手の届かないところに置くとよい</u>でしょう。

　枕元にあると、「ハイハイ、起きますよ」とアラームをオフにして、すぐに起きるつもりが、再び寝込んでしまうことがあるからです。

　ベッドから起きて、歩いて目覚まし時計にようやく触れる場所に置くと、確実に目を覚ますことができると思います。

　出張先の宿に泊まったときは、さらに要注意です。

　自宅と違う環境なので、寝つけないことがあります。おまけに遮光カーテンで日光が入らないと、朝だと気づかないこともあるため、万全を期してください。

　まずは、使い慣れた自分のスマホでアラームを忘れずにセット。次に、<u>ホテルの部屋にある目覚まし時計や、電話機で設定できる自動のモーニングコールをセット</u>します。使えるものは全部使いましょう。

　数を増やせば、たとえ設定を誤ったり、寝ぼけてオフにしたりしても、「いずれか1つは鳴るだろう」作戦でいきましょう。

　朝を制する者は一日を制す。時間と気持ちに余裕をもった朝を迎えてください。

ベッドから立ち上がれば二度寝に勝てる

目覚まし時計が枕元 ┄┄┄┄┄> 二度寝の原因に
にある

目覚まし時計が離れた場所 ┄┄┄┄┄> 確実に目覚められる
にある

電車やバスで立つ
車内で眠るのを防ぎ出勤直後も頭がさえる

☐ 実践したい　☐ 実践した

　早めに家を出たのに、電車やバスの座席でうとうと寝てしまい、降りるはずの駅を通過した経験はありませんか？

　乗り過ごしの原因は、つい寝てしまったことですが、なぜ寝たかといえば、「座ったから」ではないでしょうか。座ると、はじめのうちは本を読んだりスマホを操作したりしていても、しだいに睡魔に襲われて眠ってしまうもの。

　それに、電車やバスに揺られると、気持ちがよくなって眠ってしまいます。寝不足だったらさらに危険。体が休息を求めているのですから、寝るのは自然の摂理でしょう。

　そこで提案します。**絶対に寝過ごしたくないときは、乗り物の中で立ちましょう**。立てば爆睡せずに済みます。

　健康上のメリットもあります。揺れる車内で立てばバランス感覚が養われ、足腰が鍛えられて、体によい影響があります。

　とくに在宅勤務やモバイルワークをしていると、外出せずに一日中パソコンと睨めっこする日も多くなるため、出勤デーは運動するチャンスです。

　また、車内で寝てしまうと、**せっかく起きたはずの脳がふたたび眠ってしまうので、出勤したとき頭がさえません**。よって、朝や移動中は立つのを習慣にして、乗り過ごしを防ぎましょう。

　一方で、帰宅するときは、座って体を休めるというようにメリハリをつけるといいですね。帰りなら寝過ごしてもあきらめがつきますから。

遅刻したくなければ乗り物で座らない

乗り物で座る	乗り物で立つ

目をつぶった
だけなのに…

Aさん

シャキーン!

Bさん

つい寝てしまい
乗り過ごして
遅刻…

会社でも
頭がぼんやり

寝過ごさない
足腰も鍛えられて
一石二鳥!

会社でも頭が
シャキーン

Chapter 6

パフォーマンスを高める生活習慣

197

雨の日は折り畳み傘
持っていくのを忘れたり車内に置き忘れたりしなくなる

□ 実践したい　□ 実践した

　翌日の天気予報が雨なら、前日に傘を準備しましょう。天候にもよりますが、できれば折り畳み傘をおすすめします。というのは、長い傘はバッグに入らないため、出かけるときに持っていくのを忘れたり、電車の手すりにかけたまま置き忘れたりしやすいからです。職場や訪問先で、傘立てに差したまま、忘れて帰ることだってあるでしょう。

　また、混んだ電車やバスの中で、びしょびしょに濡れた長い傘を持っていると、体にくっついて不快です。周りの人からは嫌な顔をされるかもしれませんね。

　一方、折り畳み傘ならバッグにちょこんと入ります。ただ困るのは、雨の水分を含んでしまうこと。バッグに入れた大事な書類やノートなどに水分が移ってしまうと、紙がヨレヨレになってしまいます。折り畳み傘には共布の傘カバーが付いていますが、防水性は低いので、**食品を入れるジッパー付きの袋に濡れた傘を入れる**のはいかがでしょうか。これなら水もれすることもありません。

　相鉄グループの調査（2021年度）によると、電車やバスの駅や車内での忘れ物ランキング1位は傘でした。傘の忘れ物は年間1万3000本以上あり、忘れ物全体の約23％を占めているそうです。

　電車の中や訪問先では、濡れた折り畳み傘をバッグの中にしまうと、置き忘れを防げます。

　明日は雨の予報だなと思ったら、バッグに折り畳み傘とジッパー付き袋を入れておきましょう。

折り畳み傘のメリットを知る

バッグにしまえる

訪問先の傘立てや
電車に忘れにくい

晴れても身軽

長傘のように
手持ちしないので
邪魔にならない

メリットが
たくさん！

周りの人を
濡らさない

狭い車内でも
折り畳めてスマート

ジッパー付き袋で
カバンが濡れない

共布の傘カバーより
防水性が高い

クローゼットをスッキリさせる
朝の忙しい時間でもササっと身支度を整えられる

☐ 実践したい　☐ 実践した

明日着る洋服や履く靴は、前日に出しておくと安心です。天気予報で晴れなのか雨なのか、気温はどれくらいなのかを調べ、第一候補、第二候補くらいまで考えておくと、翌朝ササっと身支度を整えることができるでしょう。

服がすぐ見つかるよう、クローゼットは詰め込みすぎないようにしてください。洋服の数を減らして、スキマを作りましょう。

当日の朝にクローゼットから洋服を探すとき、狙った服が行方不明になり、「ここにあったはずなのに、ない！」とクローゼットの中をかき回すことはありませんか？　落ち着けば見つかるのに、あわてるとなぜか見つからないことってありますよね。とくに洋服がびっしり入っていると、探しにくくなってしまいます。

着ないものは、捨てるなり売るなりすればいいでしょうが、せっかく買ったのだから**ムリに捨てなくても、うまいやり方があります**。たとえば、保管サービス付きクリーニングを利用するのはいかがですか？　かさばるのは冬場のコート類なので、クリーニング店で寒くなるまで預かってもらうのです。

または、自分で洗えるダウンコートやセーターなら、洗濯後は圧縮袋に入れて空気を抜き、コンパクトな状態で保管しておけます。

クローゼットのルールを決めるのもいいですね。出勤用と在宅勤務用で分ける、トップスとボトムスに分ける、同じ色はまとめるなど工夫してみてください。

身支度が早くなるクローゼットの整理術

Rule 1 クリーニングの保管サービスを利用する

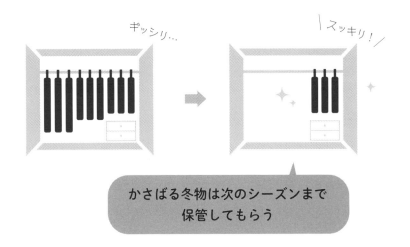

ギッシリ...

スッキリ！

かさばる冬物は次のシーズンまで
保管してもらう

Rule 2 かさばる服は圧縮してしまう

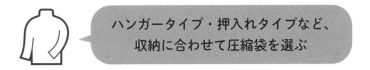

ハンガータイプ・押入れタイプなど、
収納に合わせて圧縮袋を選ぶ

Rule 3 クローゼットのルールを決める

出勤用

在宅勤務用

仕事の服は3原則を基準に選ぶ
会う人からの印象もよくなり仕事もはかどる

☐ 実践したい　☐ 実践した

　ビジネスパーソンは見た目も大事。**身だしなみの3原則は「清潔感」「機能性」「調和」**です。

　1つめの清潔感は、不潔でないことなので、お風呂に入り、下着や洋服をきちんと洗濯しましょう。

　2つめの機能性は、仕事がしやすいことです。体のサイズに合っていて、生地は伸縮性のあるものを選ぶと、のびのびと体を動かしやすく、仕事もはかどるようになります。

　以前出会った若手社員の男性は、きついズボンをはいたせいか、お尻の縫い目がビリっと割けてしまいました。どうも動きが変だと思ったら、「ズボンが切れたので下着を隠したい」と告白してくれました。なんとも気の毒なことでした。

　3つめの調和は、周りの人と合っていることです。仕事場で1人だけ目立つ格好をするのは控えたいですね。

　服を購入するときは、メンテナンスしやすいことを選択の基準に加えてほしいと思います。**洗濯表示のタグを見て、自宅で洗えるものを選ぶとよい**でしょう。また、今は男性用・女性用ともに自宅で洗えるスーツやジャケットが売られています。

　自宅で洗えば、クリーニングに出したり、取りに行ったりする手間やコストがかかりません。また、服を着ようと思ったら、うっかりクリーニング店へ取りに行くのを忘れていたという失敗もなくせます。それらを手に入れて、シミや汗がついたら早めに洗っておくと、急に着たくなったときにあわてることはなくなるでしょう。

身だしなみの3原則

清潔感

第一印象が
大事！

ウォッシャブル
などこまめに
手入れできる服

機能性

外回りや
力仕事もOK

伸縮性が高く
体に合った服

調和

スーツ？
オフィスカジュアル？

オフィスや
仕事の現場で
浮かない服装

アイロンはかけない
アイロン不要のワイシャツで時短で身だしなみを整える

☐ 実践したい　☐ 実践した

　アイロンをかけるたびに時間をとられてしまい、プライベートな時間が減ってしまう。そのうちアイロンをかけようと思っていても先送りしてしまい、洗濯物を溜め込んでしまう。あなたに当てはまるなら、**今日からアイロンがけをやめましょう**。

　なぜアイロンをかけるかといえば、身だしなみのためです。シワのないワイシャツを着る人は、仕事ができそうな印象を与えます。逆に、シワくちゃでヨレヨレのワイシャツを着ると、その人の心身までくたびれていると思われてしまいます。

　お客様や上司から「だらしない人だな」と思われては損をしますから、パリッとしたシャツを着てさわやかに出かけたいものです。

　時短で身だしなみを整えたい。そんなビジネスパーソンの強い味方は、**ノンアイロンタイプのワイシャツ**です。洗って干すだけで、アイロンをかけたような仕上がりになるので、こまめに洗濯ができます。ワイシャツをクリーニング店に出す人もいますが、コストを考えるなら自宅で洗濯する方がいいはずです。

　ワイシャツを洗濯して干すときと、クローゼットに収納するときは、ハンガーにつるしたままの状態にすると、畳むよりもシワがつかないでしょう。

　ハンカチもアイロンがけが必要ですが、代わりにタオルハンカチを持つと、アイロンがけはいりません。

　アイロンがけをなくして、時短で「仕事ができる人」のイメージを与えましょう。

ノンアイロンの服を買う

アイロンがけは
ストレスいっぱい

めんどくさい〜

ノンアイロンは洗って干すだけ！

アイロンも
クリーニングも
なしでパリッ！

畳まず収納でシワなし & 時短

洗濯後　　　　　　　　クローゼットに収納

前日に荷物をまとめる

忘れ物をしないようチェックする余裕ができる

☐ 実践したい　☐ 実践した

　忘れ物をなくすために、**持ち物は前日に用意**しましょう。前日な
ら落ち着いて準備できるからです。

　出発するまでたっぷり時間があるので、足りないものに気づきやす
く、必要なものが揃っているかチェックする余裕もあります。

　一方、当日の朝に荷物をまとめるのは危険です。ただでさえあわ
ただしい朝に、あれもこれもやろうとすると忘れ物をしやすくなり
ます。もし忘れ物をすれば、いったん家に戻ったり、現地で買い物
をしなければならなくなったりして、さえない一日となってしまい
ます。

　また、**手荷物は１つにまとめるとよい**でしょう。パソコン用バッ
グを別に持ったり、資料を別の紙袋に入れて持ち歩いたりするのも
いいですが、2個持ち・3個持ちをすると、注意が散漫になりやすく、
電車の網棚や外出先に置き忘れる原因になりかねません。思い当た
るなら、手荷物は１つにまとめて、肌身離さず持つようおすすめし
ます。

　ビジネスシーンでリュックが人気です。リュックはパソコンが入
るものもありますし、両手が空くので動きやすいのがメリットです。
また、ショルダーや手持ちのカバンだと、右か左のどちらかに重さ
が偏りますが、リュックだとバランスがとれます。

　ただ、リュックはカジュアルな印象を与えるので、訪問には向か
ないという人には、２WAYタイプをおすすめします。移動すると
きは背負い、訪問先では肩から下して手持ちしてください。

手荷物を増やさない

Before 荷物を手持ち

置き忘れる状況

- 電車の網棚に載せる
- 車のトランクに入れる
- 訪問先に預かってもらう
- トイレに行って
  荷物棚に載せる

置き忘れがちな物

- コート
- 傘
- スマホ
- モバイルバッテリー
- イヤホン

After 2WAYリュックにする

移動時

両手が空くし、
置き忘れの心配ナシ！

訪問時

さっと手持ちに
できてスマート

なるべく平常心を保つ
感情や心が乱れるとミスをしがち

☐ 実践したい　☐ 実践した

　感情や心の乱れによって、ミスをすることがあります。

　代表的なのは、**あせっているとき**です。「締め切りに遅れそうだ」「相手から返事を催促されてしまった」など、時間が足りないときは、気が動転して冷静さを欠きます。そのためケアレスミスをしたり、誤った判断をしやすくなったりします。

　2つめは、**不安や悩みを抱えているとき**です。気がかりなことがあると、そのことで頭がいっぱいになり、目の前の仕事に集中しにくくなります。注意が散漫になると、ミスをしてしまいます。

　3つめは、**仕事相手に好き嫌いの感情があるとき**です。

　たとえば、好きな上司から受けたアドバイスは正しくて、嫌いな上司から受けたアドバイスは間違っていると思うことはありませんか？　たとえアドバイスが的を射ていても、「相手が嫌いだから」という理由で反発したくなるのは危険です。

　4つめは、**嫉妬心を抱いたとき**です。同僚が手柄をあげて賞賛されたとき、素直に喜べないとしたら、負の感情が起きています。「自分もがんばろう」と発奮してエネルギーに変えましょう。

　人間ですから、感情を持たずに仕事を淡々とこなすなんてムリな話。でも、感情が乱れるとミスをしがちです。

　「あれ、おかしいぞ」と感じたら、**深呼吸をして本来の自分を取り戻して**ください。

感情や心が乱れてミスが起きる原因

あせっている

納期までに
終わるかな？

不安や悩みを
抱えている

仕事に
集中できない…

仕事相手に
好き嫌いの感情がある

Aさん　　Bさん

Aさんの案件は
気乗りしないな

妬みや嫉みがある

あの人ばかり
評価されて
ズルい！

負のエネルギーを手放すために深呼吸

おかしいぞ私。
深呼吸、深呼吸！

上手に休む
私生活が充実すれば仕事への意欲がわく

□ 実践したい　□ 実践した

　仕事とプライベートは表裏一体。私生活が充実し、満ち足りたものであれば毎日が楽しくなり、また仕事をがんばろうという意欲がわいてきます。逆に毎日残業して疲れ果て、ダラダラと気力も出ないままでは休日も楽しめず、月曜の朝、仕事に行くのが億劫になってしまいます。つまり、**仕事でパフォーマンスを発揮するためには、しっかり休むことが欠かせません**。

　上手に休むためのポイントは2つあります。

　1つめは、土日祝日などの**公休日（平日がお休みの人もいます）に仕事をしないこと**です。メールチェックや返信も含めてやらないようにしてください。オンとオフの切り替えが大切です。

　2つめは、**有給休暇をきちんととること**です。これは、手帳やスケジューラーが空白のうちに予定を入れてください。暇になってから休もうとすると、予定が入ってしまい先送りしかねません。

　とくに大きな仕事の後は、"ごほうび休日"を用意しておき、"目の前のにんじん作戦"で乗り切りましょう。

　そのためには、**あらかじめ手帳やノートに「ごほうびリスト」を作る**ことをおすすめします。「やりたいこと」「行きたいところ」「会いたい人」「ほしい物」などをリストアップしておき、特別な休日は、その中から選んで実行してみてください。満足度が上がりますよ。

　1つひとつ自分の手で夢を叶えていくのは仕事をする醍醐味です。さっそく休みの計画を立てましょう！

オン・オフのメリハリをつける休み方

◉ 公休日には仕事をしない

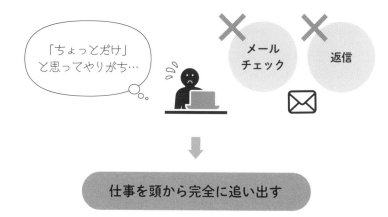

「ちょっとだけ」
と思ってやりがち…

× メール
チェック

× 返信

⬇

仕事を頭から完全に追い出す

◉「ごほうび休日」を作る

1	2	3
やりたいこと リストを作る	予定を 先に入れる	実行する

ToDo

15	16	17
チェック	プレゼン	有給

満喫！

何しようかな

大きな仕事の
後に休もう

⬇

仕事のパフォーマンスが上がる

Chapter **6**
のおさらい

- [ ] 仕事で高いパフォーマンスを発揮するために、
  睡眠時間をしっかりとることから始めましょう。

- [ ] 寝坊・遅刻を防ぐには、目覚まし時計を枕元に１つ、
  手の届かないところにもう１つ。

- [ ] 身だしなみの3原則は
  「清潔感」「機能性」「調和」。

- [ ] 感情や心の乱れはミスのもと。
  深呼吸をして平常心を取り戻してください。

- [ ] 仕事でパフォーマンスを発揮するために、
  しっかりと休みましょう。

信頼を引き寄せる

ミスのリカバリー

ミスをなくすことも大切ですが、
ミスをしたあとのふるまいもあなたの真価が問われます。
Chapter7ではミスをしたあとの行動と
心の整理のしかたなどについて説明します。

うまくいっているときほど注意する
キャリアを積んだベテランでも初歩的なミスを犯す

□ 実践したい　□ 実践した

　仕事に慣れてくると、「私ったら優秀みたい」「また上司にほめられちゃった」「今月の成績はチームでトップ。まいっちゃうな」なんて悦に入ることがあります。

　しかし、うまくいっているからといって油断は禁物。調子に乗っていると、足をすくわれますよ。むしろ、うまくいっているときほど注意を払ってください。

　担当業務に精通している人、リーダー、ベテラン社員、管理職だってミスはします。理由のひとつとして考えられるのは慢心です。慢心とは、いい気になること、おごり高ぶることです。そうなると自分に甘くなってしまいます。

　また、年齢やキャリアを重ねると、周りの人からあれこれ指摘されたり、アドバイスを受けたりすることが減ります。そのため自己流を貫いたり、他人の意見に耳を貸さなくなったりする人もいます。裸の王様ですね。

　私が公募型の「事務ミス防止セミナー」に登壇したときのこと。40代半ばくらいの方が受講していました。その中に総務部の課長と、一級建築士がいました。休み時間に「基本的な内容もあるので退屈しませんか？」と心配して声をかけたら、2人とも「先日自分でも信じられないくらい初歩的なミスをしたので、基本からおさらいしたくて来ました」と答えてくれました。

　慢心の反対語は、謙虚です。自己満足したら成長はストップしてしまいます。私たちも謙虚さを忘れずに仕事に臨みましょう。

ミスは調子に乗ったときに起きる

こんなときは要注意

- 仕事に慣れてきた
- 担当業務に精通している
- キャリアが長い
- 指導する立場になった

私ミス
しないんです！

 ちょっとの気のゆるみで…

こんなミスをしがち

- 面会の予定をうっかり忘れた
- 必要な手続きを怠った
- 新しいルールに対応できない
- 部下の意見をくみ取れていない

こんなミス
ありえない！

解決するには…

- セルフチェックを省かない
- 決められた手順を守る
- PDCAサイクルを回す
- 自分の行動を立ち止まって見直す

Check!

ミスした後にNG行動をとらない
早期の解決につながり人として信頼もされる

□ 実践したい　□ 実践した

　ミスをした後、やってはいけないことが3つあります。

　1つめは、**隠すこと**です。「ミスしたことがバレたら格好悪い」「勤務評定が下がるのは嫌だ」などの理由から、正直に話さないで1人で抱え込んでしまう人がいます。

　ミスをしたら、すぐに上司へ正直に報告してください。そして、どうしたらよいかを相談しましょう。

　安心してください。上司は勤務経験が長い分、きっと部下のあなたよりもたくさんのミスを経験しています。ミスした経験が多い人ほど、どうしたら事態を収拾できるか、アイデアが浮かぶのです。悩んでいる時間はもったいない。上司を信じて、困ったときは頼りましょう。

　2つめは、**嘘をつくこと**です。ミスを隠そうとして小さな嘘をつくと、つじつまが合わなくなります。すると、どんどん大きな嘘をつくことに。自分で自分の首を絞めるなんて辛いことです。自分のためにも、相手のためにも正直に話してください。

　3つめは、**言い訳すること**です。ミスをしたとき、「忙しいから」「指示がわかりにくかったから」などと言い訳をすると、ちょっと見苦しい。**潔く自分に非があるのだと認め、謝るときは謝りましょう。**その方が人として信頼されると思います。

　あなたがミスをしてしまったとき、これら3つをしてしまわないよう、ぜひ頭に入れておいてください。

ミスしたときの3ヵ条

その1 隠さないですぐに報告

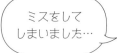
ミスをして
しまいました…

自分

上司

すぐに
フォローしよう！

大事になる前に報告すれば、周囲がフォローできる

その2 嘘をつかないで正直に話す

原因は○○で
××してしまった
ことです…

自分

上司

○○が起きにくい
ようチェック
しよう！

経緯を素直に話すことでミス防止策を立てられる

その3 言い訳しないで非を認める

自分のミスです、
申し訳ございま
せん…

自分

上司

次回から
気をつけよう！

反省を示し自らの行動を振り返る

素直な心を持つ

「素直な心とは、自分自身の至らなさを認め
そこから努力するという謙虚な姿勢のことです」
稲盛和夫［京セラ・第二電電（現・KDDI）創業者］

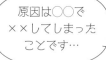

クレームの初期対応を間違えない

最初に相手に不快感を与えてしまうと問題解決が遠のく

☐ 実践したい ☐ 実践した

　犯したミスが発端となり、クレームになることがあります。リスクマネジメントとしてクレーム対応について知っておきましょう。

　クレームを受けたら、誠意とスピードをもって対応してください。モタモタと時間がかかっては、相手のイライラを増幅させますから、他の業務よりも優先させてください。

　クレーム対応には、1次対応と2次対応があります。

　1次対応は、直接クレームを聞いた担当者が行います。自分のミスや仕事ぶりについてお客様から直接指摘され、お叱りを受けたときは、自分で1次対応をします。

　1次対応者は、すみやかに上司に報連相をします。ただし、上司にクレーム対応を変わってもらうという意味ではありません。原則として担当者が責任をもって対応してください。

　もし1次対応でお客様が納得しなかったり、「上の人を出して」という強い要望があったりしたなら、2次対応へ進みます。この時点で、責任者である上司や役職者が表に出ることが多くなります。

　初期対応で相手に不快感を与えてしまうと、2次対応まで進んでも解決するまで困難を極めます。つまり、**1次対応によってクレーム対応の方向性が決まる**といっても過言ではありません。

　クレームは、相手があなたに期待していたからこそ届いたメッセージです。前向きに受け止めましょう。

クレームは早期解決をモットーに

Case 1 2次対応まで進んだ場合

✕ お客様が感情的になりやすい
✕ 解決まで時間がかかる
✕ 担当者も心理的なダメージを受ける

Case 2 1次対応で決着をつけるコツ

POINT
早めに解決する
ことが大切！

解決のコツ

☐ クレーム対応を最優先する
☐ クレームを受けた人が責任をもって対応する
☐ すみやかに上司に報告する
☐ 自己判断できない場合は上司に指示を仰ぐ
☐ わからないことは即答しない
☐ 折り返し連絡するときは時間を多めに見積もる

219

クレームには6つの手順で対応
相手の理解を得られれば問題は解決する

☐ 実践したい　☐ 実践した

　お客様からクレームを受けたら、次の6つの手順で対応すると早期の問題解決につながります。

1　お客様の話をよく聞く

　まず、お客様の話をよく聞きます。その際、事実を把握するためにメモをとりましょう。

　なかには感情的になるお客様もいます。その場合も、**途中で口をはさまずに耳を傾けてください**。

　人は言いたいことを全部吐き出し時間がたつと、しだいに感情は落ち着くものです。冷静になった頃を見計らって、こちらから話をすれば、おそらく耳を貸してもらえます。相手の話を十分に聞かないうちに自分の立場を主張したり正論を伝えたりすると、火に油を注ぐ結果になってしまいます。

2　迷惑をかけたことに対して謝る

　話を聞き終えたら、迷惑をかけたことに対して謝ります。
「お約束した納期を守れず、申し訳ございませんでした」「書類に不備があり、おわび申し上げます」などと**具体的な事実に触れながら謝ります**。

　もしお客様の指摘通りなのかわからなければ、時間をいただいて調べるようにしますが、まずはお客様に迷惑をかけたことへおわびをします。

3 事実を確認できたら、原因や経緯の説明をする

　事実を確認できたら、そのことを伝え、原因や経緯の説明をします。ただしケアレスミスの場合は、事細かに理由を言わないで結構です。あまり細かすぎると言い訳がましく聞こえるためです。「私の不注意により」「確認不足のため」「社内で情報の共有が十分にできていなかったため」などに留めましょう。

　当然ながら、「見直したつもり」「スピードを優先したので」などの逃げ口上は通用しません。**他人のせいにしたり、社内の他部署に責任を転嫁したりするのも厳禁**です。プロは他責ではなく自責で考えるからです。

4 解決するための方法を提案する

　続いて、解決するための方法を提案します。

　６Ｗ３Ｈ（102ページ参照）を使って、具体的に「いつまでに」「誰が」「何をするのか」といった情報を知らせます。

　最後に、説明に不足がないかどうか、わかりにくい点はないかどうかを相手にたずねてください。

5 手続きを行う

　お客様から了解を得たら、正しい書類を再度送るなど、すみやかに手続きを行います。手続きに再度ミスがあっては元も子もありません。正確さを期するため、**作業を終えたら必ず上司にチェックや承認をお願いしてください**。

6 今後に向けた話をする

　社内の手続きを終えたらお客様に連絡をし、仕事を確認してもらいます。そして、これをもって解決としたい旨を伝えます。

　納得してもらえたら、再発防止策を伝え、**クレームを直接寄せてくれたことへのお礼を伝えましょう**。

クレームを早期解決する6ステップ

Step 1　お客様の話をよく聞く

・メモをとる

・最後まで聞く

・口をはさまない

……

なんで約束を
守れないの！

お客様

▶▶▶　感情が落ち着けば話を聞いてもらえる

Step 2　迷惑をかけたことに対して謝る

・事実に関して謝る

・わからないことは謝ってから調べる

・先に謝られると怒りがおさまる

大変申し訳
ありません…

▶▶▶　具体的な事実に触れる

Step 3　経緯を説明する

・言い訳や責任転換をしない

・原因を伝える

・ケアレスミスは細かく説明しない

社内の連携が
不十分でした

▶▶▶　「なぜ起きたのか」を明確にする

Step 4 解決するための方法を提案する

- 「いつまでに」「誰が」「何をするのか」など6W3Hを伝える
- 不明な点がないか確認する
- 事務的にならないよう気をつける
- 相手の立場になって丁寧に対応する

▶▶▶ **聞かれる前に不安を解消する**

Step 5 手続きを行う

- なるべくすみやかに行う
- ダブルチェックする
- 必ず上司に見てもらう

ミス
しないように

Check!

▶▶▶ **ミスがないよう確認しながら行う**

Step 6 今後に向けた話をする

- お客様に手続きを確認してもらう
- 再発防止策を伝える
- クレームへのお礼を伝える

ありがとうございます
今後とも
よろしくお願い
いたします

▶▶▶ **クレームを今後に活かす**

「DCAP反省文」で信頼を取り戻す
記録に残すことで未来のミスを防げる

□ 実践したい　□ 実践した

　ビジネスパーソンが重大なミスをしたら、「始末書」なるものを作成しますが、実際に始末書を書くケースは極めてまれです。

　ミスした苦い経験をすぐ忘れてしまいたくなりますが、誰かに迷惑をかけたときは、主体的に反省文を書くことをおすすめします。私はそれを「DCAP反省文」と呼んでいます。

　一般的なPDCAは、Plan（計画）、Do（実行）、Check（振り返り）、Action（改善）の順ですが、**ミスをしたときの「DCAP」は、Do（ミス）、Check（原因究明）、Action（改善）、Plan（計画）という順にします**。これは、事実をもとに振り返り、再発防止策と今後の行動計画を立てるためです。書き終えたら上司に見せて、アドバイスをもらいましょう。

　大切なのは書面を作ることよりも、再発防止です。すると、"やっちゃったミス"が嫌な思い出から今後の糧に変わります。

　心の中で反省し、頭の中で防止策をあれこれ考えても他人には伝わりませんし、自分自身も忘れてしまいます。**記録に残して折に触れて見返し、「あのときがあるから今がある」と自分への戒めと励ましにしましょう**。

　ところで、KKD法という言葉をご存じですか？　これは勘・経験・度胸です。「ミスしたら、飲んで忘れて、くり返す」なんて川柳を思いつきましたが、あなたは「DCAP反省文」を書いて成長しましょう。

「DCAP反省文」のしくみ

Do
〈ミス発生〉

いつ、どんな
ミスをしたか？

Check
〈原因究明〉

なぜミスを
したのか？

Action
〈改善〉

どんな改善策を
立てるか？

Plan
〈計画〉

今後の
具体的な計画

● 「DCAP反省文」をグレードアップ

上司に見せる

同じミスは
くり返さないぞ

ときどき見返す

▶▶▶ 説明は224ページ

1 いつ、どんなミスをしましたか？
（「やっちゃったこと」を書きます）

2 ①のミスで生じた損失・損害は何ですか？
どのような迷惑をかけましたか？
（ヒト、モノ、カネ、コト、時間の5要素で考えます）

3 なぜミスをしたのですか?
（原因を振り返ります）

4 同じミスをくり返さないために改善策を考えてみましょう
（「ココを改める」という部分を探します）

5 今後の具体的な計画を立てましょう
（期日とやることをハッキリさせます）

- いつから／いつまでに

- 何をする?

94 ミスからアイデアを生み出す

ミスをきっかけによりよい方法が見つかることがある

□ 実践したい □ 実践した

ミスは“悪役”と思いがちですが、新たなアイデアを生み出すヒントにもなります。

ある職場では、宛名シール（住所や氏名が印刷されたもの）を貼った封筒に当人宛ての書類を封入していました。しかし、あるとき本来ならAさんへ送るべき書類を、誤ってBさんに送ってしまったのです。別人宛ての書類を入れて発送してしまったため個人情報が漏えいし、クレームとなりました。そんな書類の封入ミスが頻発していたそうです。

組織のトップは事の重大性を問題視し、現場の管理職に指示を出しました。「正しく封入されているかどうか、責任者が確認せよ」。郵便物は1日当たり200通を超えるため、管理職が時間をかけて目検で照合する日々が続きました。

ある日のこと、新入社員がポツリと言いました。「封筒に宛名シールを貼るのをやめて、窓付き封筒にしたらどうですか？　そしたら照合しなくて済みます」。管理職と先輩社員は、目から鱗が落ちたそうです。

これまでのやり方に慣れてしまうと、発想を転換したり、アイデアを生み出したりしにくいもの。そこでオズボーンのチェックリストを紹介します。オズボーンは、ブレーンストーミングという会議の手法を発案した人です。９つのチェックリストを使って考えると、発想が豊かになります。ぜひミス防止とともに、効率化や時短を実現してください。

アイデアを生むオズボーンのチェックリスト

転用
〈 Put to other use 〉

他に使い道は
ないか？

応用
〈 Adapt 〉

他からアイデアが
借りられないか？

変更
〈 Modify 〉

変えてみたら
どうか？

拡大
〈 Magnify 〉

大きくしたり機能を
付け足してみたらどうか？

縮小
〈 Minify 〉

小さくしたり機能を
減らしたらどうか？

代用
〈 Substitute 〉

他のもので代用で
きないか？

置換
〈 Rearrange 〉

入れ替えてみたら
どうか？

逆転
〈 Reverse 〉

逆にしてみたら
どうか？

結合
〈 Combine 〉

組み合わせてみたら
どうか？

POINT
ミス防止に
役立てましょう！

229

「なぜなぜ分析」で自分の弱みをつかむ
真の原因がわかれば物事が大きく改善される

□ 実践したい　□ 実践した

ある人の事例をお話しします。

彼は、顧客と約束した納品日を守れませんでした。納品遅延という手痛いミスをしてしまったのです。彼はこのことを深く反省し、「同じミスを二度とくり返すまい！」と心に誓いました。

でもこのままでは、同じミスをくり返す可能性が高いと思います。なぜかというと、自分では気づかない潜在的な原因が隠れているかもしれないからです。

ミスや失敗に即効で効く万能薬や特効薬は、悲しいかな、ありません。簡単にミスをなくせたら誰も苦労しませんよね。

そこで、あなたがミスをしたら、ぜひ取り組んでほしいことがあります。それは、「なぜなぜ分析」です。

「なぜなぜ分析」とは、事象に対して「なぜ」をくり返して原因を追究する方法です。「なぜなぜ分析」をすると、自分の弱点を知ることができます。トヨタ自動車では、「なぜ」を5回くり返して対策に役立てているそうです。

事務仕事においても「それはなぜ？」を深く掘り下げると、真の原因がわかったりします。そこにメスを入れれば、事態は大きく改善するはずです。

あなたもミスをしたら「なぜなぜ分析」をして、自分でも気づかない弱みや傾向を知ることから始めましょう。

「なぜなぜ分析」を行う

問題点	顧客への納品が遅れた

なぜ1 上司の決裁がもらえなかった

▼

なぜ2 上司が不在だった

▼

なぜ3 上司のスケジュールを知らなかった

▼

なぜ4 他人のスケジュールを見る余裕がなかった

▼

なぜ5 誤発注の対応に追われていた

「なぜなぜ分析」の効果

Before

決裁書類

ギリギリ

ギリギリ直前に
承認をもらっていた

After

決裁書類

OK!

❶ 早めに承認をもらう
❷ 上司のスケジュールを見る

ワークシート 2　なぜなぜ分析

▶▶▶ 説明は230ページ

1　あなたがなくしたいミスは?

2　原因を探りましょう。ミスはなぜ起こりましたか?

↓　それはなぜ?

↓　それはなぜ?

それはなぜ？

それはなぜ?

---

3 解決策を考えてみましょう

自分の弱みを克服する
ケアレスミスの真の原因がわかりミスを防止できる

☐ 実践したい　☐ 実践した

　私は「事務ミス防止研修」をするとき、参加者の皆さんに、「なぜなぜ分析」をしてもらっています。皆さんのワークを見ると、ケアレスミスをなくしたい人が多くいます。ケアレスミスの原因は「忙しいから」「仕事量が多いから」とほぼ共通していますが、さらに掘り下げた真の原因は人によってさまざまでした。

　たとえば、ある人は仕事を後輩や派遣スタッフの方に頼めなかったことが原因でした。「自分でやった方が早いからだと思っていたけれど、**じつは教えるのが苦手だから逃げていた**と気づきました。これから後輩指導を始めます」と語っていました。

　またある人は、**パソコンデータがぐちゃぐちゃなのがケアレスミスの真の原因**だと気づき、「帰ったらすぐに整理整頓します」と笑顔で話してくれました。

　あなたも阻害要因として目に見えない部分に潜んでいる、自分の仕事ぶりやクセを見直しましょう。その弱みを知り、手を打てば、ミスを未然に防ぐ道筋が見えてきます。

　どうしたらミスをなくせるのか、答えは人から教わるものではなく、自分自身で見つけるものなのです。

　とはいえ、人には性格や習慣、クセがあるので、明日から100%直すのはムリというもの。それでも、**弱みを知るのと知らないのとでは雲泥の差**があります。

　何事もあせりは禁物、ゆっくりと軌道修正していきましょう。

ケアレスミスの真の原因を探る

ケアレスミスの原因は"一見"同じ

Ex.

いつも忙しい

仕事量が多い

コミュニケーションが
不足

 しかし

真の原因は自分の弱さ

Ex.

指導が下手

データの整理が苦手

 したがって

解決策は弱さの克服

Ex.

後輩の指導に努める

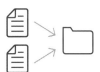

こまめに整理する

POINT

自分の弱さを知り、少しずつ直せば
ミスの防止につながります!

弱み克服シート

▶▶▶ 説明は234ページ

1 これまでどんなケアレスミスをしましたか？
いくつかあげてみましょう。

2 ①の中で二度とくり返したくないケアレスミスは
どれですか？

3 [2] であげたケアレスミスの原因は何だと思いますか?

4 ケアレスミスの原因となるあなたの弱さは何ですか?

5 弱さを克服するために何をしますか?

気持ちを切り替える
ミスを俯瞰してとらえ新たな気づきが得られる

□ 実践したい　□ 実践した

　ミスをしたら気持ちがへこみますが、いつまでも引きずらないようにしましょう。「自分は仕事ができない」「この仕事には向いていない」「転職しようかな」などと考えていると、心ここにあらず。目の前の仕事に集中しないと、またミスをしてしまいますよ。

　ミスしたのは過去のこと。踏み台にして成長すればいいのです。人間ですから、いくらがんばってもうまくいかないことはあります。ましてや故意でないのですから、未来に向かって気持ちを切り替えましょう。

　気持ちを切り替えるためには、ぜひ気分転換をしてください。たとえば、寝るときに「今日うまくいったこと」や「今日のありがとう」を探すと、「よくがんばったな〜」とか「わりといいことがあったかも」なんて、ご機嫌な気分になれます。

　嫌なことはほじくり返さないで、よいことを思い出しましょう。前向きになったところで気持ちを上書き保存して、一日を終わらせるのが得策です。

　好きなことをする時間を持つのもいいですね。「動画を観る」「ゲームをする」「音楽を聴く」「ゆっくりワインを飲む」「ヨガをする」「ペットと遊ぶ」など、なんでもかまいません。

　仕事人の鎧を脱いで、素の自分に戻る至福の時間を持ちましょう。

　かくいう私も仕事で失敗すると、くり返し思い出してしまい、目がさえて眠れない時期がありました。

「あのとき○○していたら」「もっと□□すればよかった」と、夕

ラレバで堂々巡りをすることもありました。

でもあるとき、「気持ちを立て直さないと、次の仕事に支障をきたす」と気づきました。

翌日に別のお客様と会ったとき、寝不足で顔色がさえず、精気がなかったら、「この人に頼んで大丈夫だろうか」と不安な思いを抱かせてしまいます。

私情に左右されず、どんな状況であれ感情の起伏をおさえ、元気に見せる。それがプロですね。

ところで、私は小学生の頃から体育が大の苦手で、通知表はずっと5段階評価の2でした（笑）。

この数年間は、多忙と運動音痴を言い訳にして、これといった趣味がなかったのですが、3カ月前に一念発起してゴルフを習い始めました。週に1回レッスンに通っています。

はじめの目的は体力をつけるためでしたが、それよりも仕事を忘れる時間が持てたのがメリットです。早くコースに出たいという目標も持っています。

おかげでオンとオフの切り替えがちょっとだけうまくなりましたし、「また仕事をがんばろう」と思えて相乗効果が生まれました。

あなたもミスしたときこそ気分転換を図ってください。ミスや失敗を俯瞰してとらえたり、別の視点で気づきが生まれたりするかもしれません。

何があっても、いつもの自分を取り戻して、新たな気持ちで仕事に臨みましょう。

気持ちのオン・オフを切り替えるルーティン

Routine 1

1日の目標を
立てる

これだけは
やる！

☐ メール返信3通
☐ 企画アイデア5個
☐ デスク整理

▶ やるべきことが明確になり、仕事に集中して取り組める

Routine 2

ブレイクタイムを
設ける

コーヒーで
リラックス♪

▶ 心身をリラックスさせることで、もうひとがんばりできる

Routine 3

部屋の空気を
入れ替える

ちょっと
休もう

▶ 外の空気を浴びると、頭がスッキリして気分転換になる

Routine 4

楽しい計画を
立てる

週末は
何しようかなー

▶ 自分にごほうびをあげる日があると張り合いを持てる

POINT

できることから始めましょう!

Routine
5

帰宅したら
着替える

のびのび

▶ 体も心もリラックスできる

Routine
6

終業後は
メールを見ない

ピロン

部長

はいはい
明日ね

▶ 仕事にまつわるものをプライベート時間に持ち込まない

Routine
7

リフレッシュする
時間を作る

笑ってストレスを
忘れよう

▶ 仕事を忘れて素の自分に戻る

Routine
8

寝る前に1日の
「いいこと」を思い出す

今日も
がんばったなー

▶ 前向きな気持ちを上書き保存して1日を終える

誇りと自信を持って仕事をする

ミスをするのは価値のある仕事をしているから

☐ 実践したい ☐ 実践した

プロはミスしなくて当たり前。お客様は、そう思っています。**それをストレスと感じるか、やる気につなげるかは、人それぞれ**です。

行政機関によっては、所内で起きた事務ミスをホームページに載せ、開示しているところがあります。隠すのではなく見せることで、職員はより一層プロ意識をもって仕事に臨んでいることでしょう。

私は官民を問わず「事務ミス防止研修」に招かれます。研修に出向くと、受講する皆さんの真剣な眼差しから「絶対にミスしたくない」という気概を感じます。

一方で心配なこともあります。研修終了後、相談に来る人たちの中に、元気のない人が数名いるからです。

「ミスをして上司に叱られてばかりいます」「メールの誤字脱字が多いという理由で、大好きな営業の仕事を干されました」。ときには話しながら泣きだしてしまう人もいます。

その気持ち、よくわかります。私も若手社員の頃、決して優等生ではなかったので、大きなミスをくり返し、クレームも受けて泣きましたから。

思い起こせば、勤めていた保険会社で"ミス大臣"と呼ばれた20代の頃。「私が問題を見逃したとしても、きっと誰かが見つけてくれる」「上司が責任をとるだろう」という甘えがあったのかもしれません。

保険会社を退職した後は、もう一度働きたくて就職活動をしました。でも、なかなか採用されず、ようやく非正規社員として採用さ

れても、戦力外通告を受けてクビになった経験が幾度かあります。

　そんなスランプの数年間があったからこそ、「研修講師の道に進もう」と決めてからは、1つ1つの仕事に感謝するようになりました。大それたことはできないけれど、ミスをなくしたい、期待に応えたいと思うようになったのです。

　ミスをしたときは、自分を責めないでください。体と心を病んだらもったいないことです。自分を守るのは自分しかいません。

　この先どうしたらいいのだろうと、**もし悩んだら、ぜひ初心に返ってください。**

　なぜ今の仕事を選びましたか？　エントリーシートや履歴書に何を書きましたか？　面接で志望動機を聞かれて、どう答えましたか？「〇〇したい！」という目標があって、自ら仕事を選んだときのことを思い出してください。

　仕事があるって幸せなことです。朝出勤していく場所があり、デスクに座ってやることがあるのは、当たり前のことではありません。**仕事があるのは、あなたに実力があって、価値がある人だと認められ、必要とされている証拠**なのです。

　ですからミスを怖がらないでください。失敗を恐れて守りに入ると、小さくまとまってしまいます。

　可能性を信じて、未知の仕事、難しい仕事にもチャレンジしましょう。七転び八起きというように、ミスや失敗を重ねた人ほど成長できるのですから。

　失敗の次には、きっとよいことが待っています。

物事を前向きにとらえるコツ

目標を持つ

▶ 達成したいことが明確だと気持ちを持続しやすい

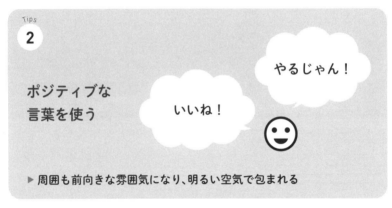

ポジティブな
言葉を使う

▶ 周囲も前向きな雰囲気になり、明るい空気で包まれる

ミスから学ぶ

▶ 成長の機会が増え、チャレンジに積極的になれる

POINT

自分を認めてあげましょう！

Tips

4

メンタルトレーニングを
取り入れる

禅

只今
瞑想中

▶ 仕事を忘れて心の状態をコントロールできる

Tips

5

適度に運動する

汗かいた〜！

▶ 体を動かすことでストレスを解消できる

Tips

6

部屋を整える

仕事
しやすい！

▶ 清潔な空間は、前向きな気持ちを呼び込む

利他の心を持つ
他人に力を貸すと自分が困ったときに助けてもらえる

☐ 実践したい　☐ 実践した

　稲盛和夫さんは、「より良い仕事をしていくためには、自分だけのことを考えて判断するのではなく、周りの人のことを考え、思いやりに満ちた『利他の心』に立って判断をすべきです」と説いています。

「利他の心」と対をなすのは「利己の心」。これは、「自分だけがよければいい」と考える心です。

　忙しいと目の前にある仕事で手一杯になり、周りの人へ目配り・気配り・心配りが疎かになりがちです。

　また、他人のために時間を割くのはもったいないと思うかもしれません。しかし、**仕事には効率化していいことと、効率化してはならないことがあります。**

　数年前、困りごとがあって顧問税理士の方に突然電話をしました。税理士さんの専門外の内容です。しかも確定申告シーズンのため先方の事務所は繁忙期。そうわかっていながらも藁にもすがる思いで連絡したところ、税理士の方は真剣に話を聞いてくれました。そしてすぐさま信頼のおける専門家に連絡するなどして、解決へと導いてくれました。そのとき「困ったときはお互いさま」と言葉をかけられて、どんなに気持ちが救われたことでしょう。その人に何かあったら力になりたいと強く思っています。

　私たちも、誰かが困っているときは手を差し伸べる。そんな懐の広い人になれたら素敵ですね。**「利他の心」を持ち、誰かのために力を貸すと、いずれ周りの人が手を貸してくれるでしょう。**

仕事がうまくいく「利他の心」

協力し合う

こちらこそ

よろしく
お願いします

チームでの仕事が
円滑に進む

共感する

同感！

相手のニーズを意識して
行動できる

感謝する

ありがとう

素直に思いを伝えると
助けてくれる人が増える

共有する

知識やスキルを共有することで、
周囲の成長を支援できる

人生の優先順位を考える
仕事より大切なものを見極めれば人生が充実する

☐ 実践したい　☐ 実践した

　あなたは今の仕事と生活に満足していますか？　毎日イキイキと働いていますか？　「ウェル・ビーイング」という言葉があります。「幸福」と訳すことが多く、精神的・身体的・社会的に良好な状態が続くことを言います。ウェル・ビーイング向上のため、企業では顧客満足度のみならず、従業員満足度の両面から取り組みを進めていて、業績や人材確保によい影響をもたらしています。

　本書では仕事の優先順位を中心にお伝えしてきましたが、人生には大切にしたいことがたくさんあります。**大切なものまで犠牲にして仕事をしてはいけません。**

　大切なもの。まずは健康です。健康でなければ仕事ができません。どんなに忙しくても健康診断をサボらず、定期的に受けてください。もし病気になったら、仕事よりも優先して治療しましょう。

　また、家族や大切な人が事故に遭ったり病気になったりしたときは、すぐさま上司に報告してください。仕事は上司や同僚に任せて、できるだけ付き添いましょう。

　もし通勤途中に急病人を見かけたら、たとえ遅刻したって助けるほうが先です。

　このように**仕事以外のことにも視野を広げ、人として今、何をすべきかを考えましょう。**そして都度、自分の心に正直になり、後悔しない選択をしてください。

　仕事は人生の一部ですが、かけがえのないものです。仕事を通して人生をより豊かなものにしてください。

「ウェル・ビーイング」向上のポイント

規則正しい生活

早寝早起き！

健康を維持し、
ストレスを軽減する

趣味や生きがい

多趣味！

リフレッシュし、
自己成長を感じられる

充実した人間関係

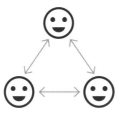
友だちを
つくろう！

助け合える環境があると、
心が安定する

ストレス管理

深呼吸

自分なりの方法で
ストレス発散し、
メンタルヘルスを維持する

Chapter **7**

のおさらい

- [ ] 油断は禁物。うまくいっているときほど注意を払いましょう。

- [ ] クレームを受けたら、誠意とスピードをもって対応を。

- [ ] ミスをくり返さないために、「DCAP反省文」を書いて未来に活かしましょう。

- [ ]「なぜなぜ分析」で自分の弱みがわかれば、ミスの予防につながります。

- [ ]「利他の心」で誰かのために力を貸すと、あなたが困ったときに助けてもらえます。

- [ ] 仕事以外のことにも視野を広げ、人として今、何をすべきかを考えましょう。

おわりに Conclusion

　最後までお読みくださりありがとうございました。

　仕事のミスをなくすための100の「スゴ技」はいかがだったでしょうか。

　100の技のなかには基本的なことも含まれていますが、基本なくして応用なし。

　ぜひこの機会に自分の仕事ぶりをいまいちど見直してみてください。

　本書の「はじめに」で、会社員だった20代の頃にやりがいのある仕事から外されたと書きました。外されたのは、人材育成や教育研修に関わる仕事でした。

　意気消沈して異動した先では、うれしい出来事が起こりました。

　ある日、上司からチェッカーになってほしいと頼まれたのです。

　上司は外出や出張が多く、デスクに座って部下の仕事をチェックする時間が十分にとれませんでした。

　そこで、「鈴木さんは事務職の中で一番社歴が長いから、後輩たちの仕事をチェックしてください。正しく修正してから、決裁者の僕に回してほしいんです」と助けを求められたのです。

ミスだらけだった自分が、チェッカーを任されるなんて信じられませんでした。
「はじめて上司に信頼されたのだから、絶対にミスをなくそう」
「正確な仕事をするぞ！」と心に誓ったことを覚えています。

　ときは過ぎ、いま私は世の中のビジネスパーソンを応援する仕事をしています。
　かつて干された人材育成や教育研修に関わる仕事をもう一度手に入れ、大勢の人たちへメッセージを発信できるようになりました。

　かつての私と同じように「仕事がうまくいかない」「評価してもらえない」「毎日がイキイキとしていない」「これからどうしたらよいのかわからない」……、そんな悩みを抱える人たちに日々出会います。

　でも、仕事の進め方や周りの人とのコミュニケーションの取り方、自分自身の心の持ちようなどをほんのちょっとずつ見直すだけで、仕事はうまくいきます。

　どなたでも別人のごとく生まれ変われるのです！

　うまくいかないことや失敗は誰にもあります。これから先もきっとあるでしょう。

でもそれは、神様がくれたプレゼントかもしれません。

あなたにも「あのときがあったから今がある」と言える日が必ず来ます。その日を楽しみにしてください。

あなたの仕事のミスがひとつでも減り、仕事がうまく回りますように。幸せに満ちた毎日が送れますように。
心から応援しています。

鈴木真理子

【参考文献／参考Webサイト】
・堀公俊『ビジネス・フレームワーク［第2版］』日本経済新聞出版
・松下幸之助『道をひらく』PHP研究所
・『ムダ・ミスが99%なくなるずるい仕事ワザ120 新装版』宝島社
・稲盛和夫 OFFICAL SITE　https://www.kyocera.co.jp/inamori

株式会社ヴィタミンM

　本書の著者が講師として、企業内研修や地方自治体研修、公募型セミナー、講演会などに伺います。Zoomなどのオンライン形式にも対応しています。仕事の進め方やハウツーなどを、どなたでも簡単に試せるようにお伝えします。講義のほか演習や討議などを交えて、楽しく・飽きさせず・ためになるプログラムを開発しています。ヴィタミンMが皆さまの栄養源となれる日を心待ちにしております。

人気のプログラム

ミスをなくしたい！
・事務ミス防止研修（心構えと具体策）
・仕事のミスがなくなる手帳・メモ・ノート活用術

書く力を高めたい！
・ビジネス文書・メールの書き方
・ミスなく速くメールを書く方法

仕事を効率化したい！
・生産性向上のための段取り＆時短仕事術
・5Ｓで簡単！ オフィスの整理整頓

対象別に研修がしたい！
・新入社員研修
・会社の利益に貢献する女性社員の仕事術

　上記以外のテーマも承っています。また、ご要望によりプログラムをカスタマイズいたします。

お問い合わせ先
（鈴木真理子まで）

TEL：045-719-7260
ホームページ：https://www.vitaminm.jp/

著者

鈴木真理子（すずき・まりこ）

株式会社ヴィタミンM　代表取締役

東京都葛飾区亀有生まれ。千葉県柏市にて育ち、現在は神奈川県横浜市在住。共立女子大学卒業後、三井海上火災保険株式会社（現三井住友海上）に入社し、9年3ヶ月間の勤務を経て退職。さまざまな職業を経験した後、ビジネスコンサルタントとして独立。2006年起業し、講師派遣型の社員研修を行う株式会社ヴィタミンMを設立。

企業研修や公開セミナーにおいて数多くの失敗談を告白しながら、ミス、ムダ、残業を減らすヒントを提唱している。講師業の傍ら、新聞や雑誌をはじめメディアの取材、ビジネス書の執筆まで幅広く活動中。日本ペンクラブ会員。

大手新聞社のコラムでは、江戸っ子言葉でギャグ好きの姉御気質「すずまり姉さん」のキャラクターで登場し、以来「すずまり姉さん」の愛称で親しまれている。

主な著書に、『仕事のミスが激減する「手帳」「メモ」「ノート」術』『「段取りが良い人」と「段取りが悪い人」の習慣』（以上、明日香出版社）などがあり、累計26万部を超える。

絶対にミスをしない人の仕事のスゴ技 BEST100

2023年5月27日初版発行
2024年6月18日第15刷発行

著者	鈴木真理子
発行者	石野栄一
発行所	ヲ明日香出版社

〒112-0005 東京都文京区水道2-11-5
電話 03-5395-7650（代表）
https://www.asuka-g.co.jp

カバーデザイン	菊池 祐
カバーイラスト	岡村優太
本文デザイン・組版	櫻井ミチ
編集協力	米田政行（Gyahun工房）
	泥ぬマコ
	原田さつき
校正	株式会社鷗来堂
印刷・製本	シナノ印刷株式会社

「段取りが良い人」と
「段取りが悪い人」の習慣

鈴木真理子・著 ／ 1400 円＋税 ／ 2019 年発行
ISBN 978-4-7569-2056-0

段取りが悪くて、毎日残業……。プライベートの時間が
取れない……。自分ひとりでやる仕事ならまだしも、他
人と一緒に進める仕事の場合、その人たちまで巻き添え
にしてしまう。そんな悩みを持つ方に、仕事が遅れず、
時間通りに終わらせる方法を 50 項目で解説しました。

仕事のミスが激減する
「手帳」「メモ」「ノート」術

鈴木真理子・著 ／ 1400 円＋税 ／ 2016 年発行
ISBN 978-4-7569-1865-9

「やることを忘れてしまった」、「期日を忘れてしまった」
……。この原因は、メモること自体を怠ったか、メモを
しただけで安心をしてしまったかのどちらかです。
本書は、ミスなし・モレなし・遅れなしを実現するため
の【手帳・メモ・ノート記録術】をまとめます。